Jakob Braun

Die Nürnberger Lebkuchen

Praktische Anleitung zur Herstellung aller Sorten Lebkuchen nach

Nürnberger Art

Jakob Braun

Die Nürnberger Lebkuchen

Praktische Anleitung zur Herstellung aller Sorten Lebkuchen nach Nürnberger Art

ISBN/EAN: 9783944350424

Auflage: 1

Erscheinungsjahr: 2013

Erscheinungsort: Bremen, Deutschland

Die Nürnberger Lebkuchen.

Praktische Anleitung zur Herstellung
aller Sorten Lebkuchen nach Nürnberger Art.

Herausgegeben

von

Jakob Braun

Lebkuchenfabrikant.

Herzoglicher Hoflieferant

Nürnberg.

Im Selbstverlag.
1898.

Einleitung.

Ueber die Herstellung der „Nürnberger Lebkuchen" sind schon von verschiedenen Seiten Bücher herausgegeben worden, dieselben beziehen sich aber grösstentheils nur auf die Herstellung der braunen Lebkuchen und entbehren jeder Anleitung über die Herstellung der **weissen Lebkuchen** die auf Oblaten gebacken werden, ebenso der bekannten runden Elisenlebkuchen, welche in Schachteln bezw. Blechdosen verpackt, zum Versandt kommen.

Aus diesem Grunde habe ich mich entschlossen, im vorliegenden Werke, die Herstellung sämmtlicher Nürnberger Lebkuchenfabrikate zu schildern, ich werde es mir desshalb ganz besonders angelegen sein lassen, meine Angaben in der verständlichsten Weise zu machen und dürfte es den Lesern von besonderem Interesse sein, einmal von einem Nürnberger Fachmann die Herstellung der beliebten und weit verbreiteten Nürnberger Lebkuchen zu erfahren.

In meinen Ausführungen werde ich nicht nur mit Recepten an die Hand gehen, sondern darin auch die Anfertigung des Honigs und Syrupteigs nebst Aufbewahrung und späterer Verarbeitung er-

läutern unter Hinweis auf die dazu nöthigen Geräth-
schaften und Maschinen zur leichteren Verarbeitung.

Mit vorliegendem Werke hoffe ich somit allen
Interessenten ein gutes Nachschlagebuch geschaffen
zu haben und darf ich wohl für dasselbe freundlicher
Aufnahme versichert sein.

Nürnberg, Oktober 1898.

Jakob Braun.

I.

Extrafeine Schachtel-Lebkuchen.

Bei Anfertigung der Masse zu runden Lebkuchen ist vor Allem darauf zu achten, dass ganz gut ausgetrocknete, abgeschälte Mandeln dazu genommen werden, ebenso ist der Zucker möglichst vom Staub zu befreien, die Gewürze fein gemahlen und Citronat und Orangeat nicht zu grob gehackt ist, ungefähr in der Grösse wie kleine Erbsen.

Die Masse dazu ist folgende:

12 Pfund abgeschälte Mandeln,
18 „ Zucker,
4 „ Mehl,
2 „ Citronat gehackt,
2 „ Orangeat „
100 gr. gem. Zimmt,
20 „ „ Nelken,
10 „ „ Muskatblüthe,
10 „ „ Cardomomen,
2 abgeriebene Citronen,
ca. 3 Liter abgelassenes Eiweis,
80 gr. gest. Amonium oder Hirschhornsalz,
20 „ Pottasche.

Wenn beispielsweise die Mandeln auf einer sogenannten Universalmaschine klein gemacht werden, so kann man die ganze Masse wie solche oben angegeben, einfach in einer Schüssel mit den Spaten, oder mit der Hand gut untereinander mengen, sollen die Mandeln auf einer Mandelreibmaschine gerieben werden, so nimmt man die etwas klein gemachten Mandeln mit der Hälfte oder einem Drittel von dem bestimmten Quantum Zucker und feuchtet dieses mit etwas Eiweis an, um es dann auf die Maschine zum Feinreiben zu bringen. (Mandelreibmaschinen fertigt in sehr guter Ausführung G. S c h i m p f l e , A u g s - b u r g und kann ich diese Maschinen, weil ich selbst eine solche im Gebrauche habe und sehr befriedigt bin, Jedermann auf's Beste empfehlen.) Ist dies geschehen, dann wird der übrige Zucker nebst den dazu gehörigen Zuthaten beigemengt und wird ge- hörig durchgearbeitet. Wenn die Masse fertig ge- arbeitet ist, so wird auf Oblaten das dafür bestimmte Quantum Masse abgewogen und schön kugelförmig aufgestrichen; auf Bleche gesetzt, welche entweder gut mit Papier, zwei, eventuell dreifach belegt sind, oder Pappendeckel-Unterlage haben. Von je 6 Stück Lebkuchen, wird einer davon mit einem Mandel- kränzchen (6 Stück halbe Mandeln, welches in der Mitte eine schöne Scheibe Citronat ca. $1^1/_2$—2 cm. Durchmesser bekommt) belegt. Alsdann werden die Lebkuchen so lange getrocknet bis sich eine schöne Haut gebildet hat, was je nach der Temperatur des Trockenschrankes eine Zeit von $1^1/_2$—2 Stunden in Anspruch nimmt, dann werden sie in einem nicht zu heissen Ofen schön goldgelb herausgebacken. Nach dem Erkalten werden dieselben glasirt. Anfertig- ung der Glasuren siehe unter der Rubrik „Glasuren."

Verkauft werden sie gewöhnlich in Schachteln oder Blechdosen mit 6 Stück und ist die Eintheil- ung und Glasirung derselben folgende:

1. Mandellebkuchen in der Mitte mit einem Mandelkränzchen und Citronglasur,

2. Elisenlebkuchen mit Citronglasur und Nonpareille bestreut,

3. Makronenlebkuchen mit Citronglasur und grünen Mandeln bestreut,

4. Himbeerlebkuchen, mit Himbeerfüllung und Himbeerglasur glasiren,

5. Vanillelebkuchen, die Masse mit Vanillegeschmack und Vanilleglasur glasiren,

6. Chocoladelebkuchen, mit Chocoladeglasur glasiren.

Die ersteren drei Sorten können statt mit Citronenglasur auch mit der sogenannten Baslerglasur glasirt werden, was einfacher ist, und weniger Zeit in Anspruch nimmt und dabei billiger zu stehen kommt. (Baslerglasur siehe unter „Glasuren.“

Je nach Belieben können aber auch mehrere Sorten gefüllt werden, wie z. B. die:

Elisenlebkuchen mit Aprikosenmarmelade,

Makronenlebkuchen mit Quittenmarmelade u. s. f.

Das Füllen der Lebkuchen geschieht in der Weise, dass auf die Oblaten zuerst ganz dünn etwas Masse in die Mitte gestrichen wird, gleichsam als Unterlage, auf diese Unterlage kommt dann die entsprechende Füllung, vielleicht eine gute Messerspitze voll, und dann wird der Kuchen mit Masse auf sein Gewicht ausgewogen und über die Füllung gestrichen; hierbei ist aber zu beobachten, dass die Füllung ganz gedeckt ist, um das Austreiben der Marmelade zu verhüten.

Sind die Lebkuchen dann glasirt, so werden sie
entweder in die dazu bestimmten Schachteln oder
Dosen gebracht, um sie dann dem Verkaufe zu unter-
stellen.

Um auch eine geringere Qualität anfertigen zu
können, lasse hier noch einige Zusammenstellungen
folgen:

Runde Schachtel-Lebkuchen.

(Andere Art. II. Qualität.)

3 Pfund Haselnüsse,

3 „ geschälte Mandeln,

3 „ rohe Mandeln,

18 „ Zucker,

6 „ Mehl,

375 gr. Citronat,

375 „ Orangeat,

75 „ Zimmt,

25 „ Nelken,

5 „ Muskatblüthe,

5 „ Cardamomen,

2 Citronen abgerieben,

ca. 3 Liter Eiweis,

50 gr. Amonium oder Hirschhornsalz,

10 „ Pottasche.

Runde Schachtel-Lebkuchen.

(Andere Art. III. Qualität.)

3 Pfund Haselnüsse,
3 „ geschälte Mandeln,
3 „ rohe Mandeln,
20 „ Zucker,
8 „ Mehl,
375 gr. Citronat,
375 „ Orangeat,
60 „ Zimmt,
20 „ Nelken,
5 „ Muskatblüthe,
5 „ Cardamomen,
2 Citronenschaalen,
ca. 3 1/2 Liter Eiweis,
60 gr. Amonium.
10 „ Pottasche.

Feinste Elisen-Lebkuchen.

In länglich viereckiger Form und in Packete
à 6 Stück verpackt.

Hiezu kann man je nach Belieben die Masse von
einem der drei vorgenannten Recepte der runden
Schachtellebkuchen verwenden und sie auf eine der
Grösse entsprechenden Tafeloblate aufstreichen.
Die Behandlung beim Trocknen und Backen ist dieselbe, ebenso werden sie glasirt wie Elisenlebkuchen,
mit Citronenglasur und mit Nonpareille bestreut.

Feinste Makronen- Lebkuchen.

In länglich viereckiger Form und in Packeten
à 6 Stück verpackt.

Zu diesen ist folgende Masse wegen des guten
Geschmacks besonders zu empfehlen.

5 Pfund Mandeln,
10 „ Zucker,
2 „ Mehl,
1 „ Citronat,
1 „ Orangeat,
1 Citrone abgerieben,
5 gr. Amonium oder Hirschhornsalz,
ca. $1^{1}/_{4}$—$1^{1}/_{2}$ Ltr. Eiweis.

Die Anfertigung der Masse, das Verarbeiten und
Backen ist dieselbe wie bei der vorstehend verzeich-
neten Masse zu den Elisenlebkuchen, sie werden mit
Citronglasur glasirt und mit grün gefärbten Mandeln
bestreut.

Feinste Vanille-Lebkuchen.

In länglich viereckiger Form und in Packeten
à 6 Stück verpackt.

Hiezu wolle man die nämliche Masse wie zu
obigen Feinsten Makronen Lebkuchen verwenden, nur statt Citrone, der Masse Vanillegeschmack beifügen, sonst ist es dieselbe Behandlung wie vorstehend, und werden mit Vanilleglasur
glasirt.

Feinste Chocolade-Lebkuchen.

In länglich viereckiger Form und in Packeten
à 6 Stück verpackt.

Auch zu diesen verwende man die vorstehende
Masse der Feinsten Makronen-Lebkuchen,
statt Gewürz oder Vanillegeschmack, beliebe man
circa 50 Gramm aufgelöste Cacaomasse beizugeben;
auf Oblaten aufgestrichen und nachdem sie gebacken
und erkaltet sind mit Chocoladeglasur (siehe Glasuren) glasiren. Hierbei muss man darauf achten, dass
der Cacao die Masse fester macht bezw. anzieht, in
Folge dessen muss sie etwas weicher gehalten werden.

Feinste Haselnuss- Lebkuchen.

In länglich viereckiger Form und in Packeten
à 6 Stück verpackt.

Bei diesen Lebkuchen möchte ich hervorheben,
dass die aus der nachstehenden Masse hergestellten
Kuchen einen vorzüglichen Geschmack haben und
lange haltbar sind. Da diese Masse abgeröstet wird,
also warm behandelt werden muss, lasse ich hier
eine kleinere Zusammenstellung folgen und kann
dieselbe ja beliebig vergrössert werden.

Die Masse ist folgende:

```
360   gr.  Haselnüsse,
  3 Pfund  Zucker,
 20 Eiweiss,
  1 Pfund  gehobelte Haselnüsse,
180   gr.  gehacktes Citronat,
180   „      „      Orangeat,
250   gr.  Mehl,
 60   „   gem. Zimmt,
 15   „      „   Nelken,
  5   „      „   Muskatblüthe,
  5   „      „   Cardamomen,
 10   „   Amonium oder Hirschhornsalz,
  2 abgeriebene Citronen.
```

Vorstehende Masse wird auf folgende Art zubereitet:

Erstgenannte 360 Gramm Haselnüsse werden
mit einem Drittel Zucker und etwas Eiweiss in der
Mandelreibmaschine feingerieben, sodann kommt der
übrige Zucker und das übrige Eiweiss hinzu und
wird auf das Feuer gesetzt und so heiss werden
lassen, dass man den Finger noch darin leiden kann;
vom Feuer abgesetzt, wird das Gewürz, die ge-
hobelten Haselnüsse und Citronat etc. eingerührt; dann kommt das Amonium hinzu und zuletzt wird das Mehl gut eingerührt; sodann möglichst rasch auf die Oblaten gestrichen und etwas getrocknet und nicht zu heiss ausgebacken;
die Lebkuchen sind mit dem Backen fertig; sollen
aber wenn sie aus dem Ofen kommen, einen schönen
Glanz haben.

Die Makronen-, Elisen-, Vanille-, Cho-
colade- und Haselnusslebkucken gehören zu
den feinsten Sorten der Mandellebkuchen und
werden desshalb auch feiner verpackt, zuerst kommen sie in weiss- oder Pergamentpapier; auch imi-
tirtes Pergamentpapier ist zu empfehlen und dann
in Glanzpapier mit Golddruck.

Ueber die Anfertigung der auf Ob-
laten gebackenen weissen Leb-
kuchen.

Bevor ich auf das Nähere über die weissen
Lebkuchen übergehe, möchte ich die Anfertigung
der hiezu nöthigen Masse erklären.

Allgemein ist gebräuchlich, die Eier mit dem
Zucker recht schaumig zu rühren, um eine möglichst
leichte und grosse Masse dabei zu erzielen; dies ist
wohl bei den Extrafeinen Weissen Lebkuchen anwendbar, weil die Masse ziemlich viel
Zuthaten bekommt; diese Zuthaten sind aber auch
im Stande nach dem Backen den Lebkuchen lange
Zeit weich zu erhalten.

Anders verhält es sich mit den Feinsten
Weissen Lebkuchen I. Qualität und mit den
Feinen Weissen Lebkuchen II. Qualität.

Bei den Massen zu diesen Lebkuchen, ist es nicht
rathsam, dass die Eier und der Zucker so sehr
schaumig gerührt wird, die Lebkuchen sind dadurch,

dass die Masse nicht schaumig behandelt wird saf-
tiger und in Folge dessen länger haltbar. Es genügt also wenn der dazu bestimmte Zucker zu diesen beiden Sorten mit ein Drittel der dazu bestimmten Eiern ziemlich gut verrührt wird, ungefähr bis
die Masse anfängt schaumig zu werden, ist die Masse
soweit, dann kommen alle Eier hinzu und wird das
Ganze blos noch gut durchgerührt; nachdem kommt
das Amonium und die Pottasche und der Syrup
hiezu und wird wieder gut verrührt. Der Syrup der
dazu kommt, hat den Zweck zu erfüllen, den Lebkuchen eine schöne, frische Farbe zu geben und
darf derselbe nie vergessen werden, worauf ich besonders hinweisen möchte; da, wenn er fehlt, der
Lebkuchen lange kein so schönes Ansehen bekommt
und in einem etwas zu heissen Ofen gebacken, leicht
flämmt, was bei den Massen mit Syrup nicht der
Fall ist und die Farbe gleichmässig wird.

Danach kommt das Gewürz, die Mandeln, Citronat und Citrone etc. hinzu und nochmals gut verrührt und dann wird zum Schlusse das bestimmte
Quantum Mehl beigegeben.

Wenn die Masse gut eingerührt ist, so muss
darauf geachtet werden, dass dieselbe nicht zu weich
wird, damit sie nicht von den Oblaten läuft, lieber
rühre man etwas Zucker und Mehl im gleichen Verhältniss zur Masse nach. Nachdem die Lebkuchen
gestrichen sind, werden dieselben auf Bleche, welche
entweder mit zwei bis dreifacher Papierlage oder
Pappdeckel belegt sind, gethan, dann verziert man
sie je nach Grösse und Qualität entsprechend mit
Citronat oder auch Mandeln je nach Belieben und
dann werden sie zum trocknen gebracht. Hierbei
ist zu beachten, dass der betreffende Trockenraum

nicht zu heiss ist, da es sonst die Lebkuchen aufzieht und dadurch Blasen entstehen, wovon der Lebkuchen das Ansehen verliert; sind die Lebkuchen gleichmässig getrocknet, was je nach der Temperatur und Sorte eine Zeit von 2—3 Stunden beansprucht, dann werden sie kühl gestellt und darnach in einem nicht zu heissen Ofen gebacken.

Kommen die Lebkuchen aus dem Ofen, dann werden sie rasch umgewendet und lässt sie ruhig erkalten, dadurch werden die Lebkuchen von oben schön glatt und bekommen ein schönes Ansehen. Alsdann werden sie zu je 6 Stück in blaues Papier verpackt.

Extrafeine weisse Lebkuchen.

(Sogenannte Hausgebackene.)

Der beste von den weissen Lebkuchen auf Oblaten ist der sogenannte Hausgebackene. Diese Sorte enthält sehr viel Citronat, Orangeat, Mandeln, Zucker und Eier und weniger Mehl, infolge dessen ist die Qualität eine ausgezeichnete und haltbare, der Ausschmückung der Lebkuchen wird auch eine besondere Sorgfalt zugewendet und reichlich mit Mandeln und Citronat verziert.

Jeder dieser Lebkuchen wird einzeln in Glanzpapier oder Carton verpackt und so zum Verkauf gebracht.

Der Preis ist natürlich ein höherer, wird aber gerne bezahlt und von besserer Kundschaft wird dieser Lebkuchen stets verlangt.

Die Masse ist folgende:

10 Pfund Zucker,
9 „ Mehl,
2¹/₄ „ Citronat,
2¹/₄ „ Orangeat,
3¹/₂ „ geröstete Mandeln,
90 Stück Eier,
150 gr. Zimmt,
80 „ Nelken,
50 „ Cardamomen,
30 „ Muskatblüthe,
50 „ Amonium oder Hirschhornsalz,
6 abgeriebene Citronen,
ca. 300 gr. Syrup.

Feinste weisse Lebkuchen.

Diese „feinsten weissen Lebkuchen" bilden gleichsam die I. Qualität in den Handel und sind eine begehrte Sorte, sie enthalten ziemlich viel Zuthaten an Mandeln und Citronat etc. und können in Folge dessen ein längeres Lager vertragen.

Nachstehend die Zusammenstellung der Masse:

12 Pfund Zucker,
15 „ Mehl,
1 „ 250 gr. geröstete Mandeln,
1 „ 125 „ gehacktes Citronat,

1 Pfund 125 gr. gehacktes Orangeat,
200 „ gemahlenen Zimmt,
40 „ gemahlene Nelken,
10 „ „ Cardamomen,
10 „ „ Muskatblüthe,
2 abgeriebene Citronen,
ca. 1 Pfund Syrup,
80 gr. Amonium,
20 „ Pottasche,
112—115 Stück Eier.

Die Zubereitung der Masse habe bereits eingangs geschildert.

Feinste weisse Lebkuchen.
(Andere Art)

Von obiger Masse kann man bei den kleineren Sorten von den Mandeln und von dem Citronat weniger nehmen und ist die Zusammenstellung der Masse wie folgt zu empfehlen:

12 Pfund Zucker,
15 „ Mehl,
450 gr. geröstete Mandeln,
1 Pfund Citronat,
1 „ Orangeat,
200 gr. gemahlenen Zimmt,
40 „ gemahlene Nelken,
10 „ „ Cardamomen,
10 „ Muscatblüthe,
2 abgeriebene Citronen,
ca. 1 Pfund Syrup,

80 gr. Amonium,
20 „ Pottasche,
112—115 Eier.

Bei dieser Masse müssen sowohl die Mandeln als auch das Citronat und Orangeat feiner gehackt werden, damit sich die Lebkuchen besser streichen lassen.

Feine weisse Lebkuchen.

Eine Hauptsorte von weissen Lebkuchen auf Oblaten sind die „Feinen weissen Lebkuchen", welche als II. Qualität in den Handel gebracht werden und hauptsächlich eine Sorte für Wiederverkäufer ist, denn die Lebkuchen können bedeutend grösser gemacht werden, sie enthalten weniger Citronat und Mandeln, der Geschmack derselben ist ein guter und besonders frisch sind sie vorzüglich.

Nachstehend folgt die Masse:

12 Pfund Zucker,
16 „ Mehl,
300 gr. geröstete Mandeln,
350 „ gehacktes Citronat,
350 „ „ Orangeat,
150 „ gemahlenen Zimmt,
50 „ gemahlene Nelken,
120 „ Amonium,
20 „ Pottasche,
ca. 500 „ Syrup,
2 abgeriebene Citronen,
120—125 Stück Eier.

Die Masse wird auf gleiche Weise, wie vorstehend beschrieben, zubereitet.

Auch hier ist es gut bei den kleineren Sorten
mit den Mandeln und mit dem Citronat abzubrechen
und lasse der besseren Uebersicht wegen die hiefür
nöthigen Recepten folgen.

Feine weisse Lebkuchen.
(Andere Art.)

6 Pfund Zucker,
8 „ Mehl,
100 gr. geröstete Haselnüsse oder auch Mandeln
150 „ gehacktes Citronat,
150 „ „ Orangeat,
75 „ gemahlenen Zimmt,
25 „ gemahlene Nelken,
60 „ Amonium,
10 „ Pottasche,
1 Citrone,
60—62 Eier,
ca. 250 gr. Syrup.

Feine weisse Lebkuchen.
(Andere Art. Kleine Sorte.)

6 Pfund Zucker,
8 „ Mehl,
60 gr. geröstete Haselnüsse,
60 „ gehacktes Citronat,
75 „ gemahlenen Zimmt,

25 „ gemahlene Nelken,
60 „ Amonium,
10 „ Pottasche,
1 Citrone,
60—62 Stück Eier,
ca. 250 gr. Syrup.

Feine weisse Lebkuchen,

(Andere Art. Kleinste Sorte.)

3 Pfund Zucker,
4 „ Mehl,
25 gr. ganzen Anis,
20 „ Amonium,
5 „ Pottasche,
25 Stück Eier,
ca. 125 gr. Syrup.

Anis-Lebkuchen.

Eine feine Sorte Lebkuchen, besonders für Leute, welche die Mandeln nicht vertragen können, ist der Anislebkuchen; er hat einen angenehmen Geschmack und hält sich in Folge seiner feinen Zusammenstellung sehr lange frisch und wird hiezu folgende Masse genommen:

5 Pfund Zucker,
4 „ Mehl,
1 „ Orangeat,
1 „ Citronat,
2 abgeriebene Citronen,

30 gr. Anis,
25 „ Amːnium,
32 Stück Eier,
ca. 200 gr. Syrup.

Nachdem die Masse obiger Lebkuchen keine
Mandeln enthält, so muss auch bei der Verzierung
darauf Rücksicht genommen werden und empfehle
ich zu einer solchen entweder Citronatschnitten
oder Rauthen aus Orangeat, letztere werden aus
den Schaalen des Orangeats ausgestochen, und
dann zum Belegen der Lebkuchen verwendet.

———

Mit vorstehenden Zusammenstellungen habe ich
in Bezug auf die „weissen Lebkuchen" verschiedene Recepte aufgeführt, damit man in jeder Preislage und nach jeder Geschmacksrichtung Lebkuchen
herstellen kann, immerhin können auch da noch
Aenderungen vorgenommen werden, um sie eventuell
noch billiger herstellen zu können, so kann man
z. B. bei den angegebenen Mandeln nur die Hälfte
davon nehmen und die andere Hälfte mit gerösteten
Haselnüssen ersetzen, man kann aber auch je nach
Geschmacksrichtung im Ganzen weniger Mandeln
nehmen und dafür mehr Citronat und Orangeat, es kann aber auch das umgekehrte Verhältniss Platz greifen; ebenso verhält es sich mit
der Zugabe von Mehl, will man die Lebkuchen
noch geringer machen, als ich in meinem Recept „Feine weisse Lebkuchen" angegeben
habe, so kann dies insoferne geschehen, als ent-

weder noch mehr Mehl dazu genommen wird, dann
ist allerdings darauf Rücksicht zu nehmen, dass
in dem gleichen Verhältniss Eier zugegeben werden;
oder auch umgekehrt, dass man z. B. gleich Mehl,
gleich Zucker zur Masse nimmt, dann muss auch
hier auf die Aenderung Rücksicht genommen werden.

III.

Die Anfertigung der braunen Lebkuchen.

Herstellung des Honigteigs.

Um einen guten und backfähigen Honigteig zu erhalten, ist es vor Allem Hauptbedingung eine gute Qualität Honig dazu zu verwenden; am besten eignet sich dazu Havannahonig; ferner ist es rathsam ein gutes Mehl dazu zu nehmen, gewöhnlich wird eine Mischung von den Sorten Nr. 3 und Nr. 4 genommen, noch besser ist es, wenn man eine Mischung, von Nr. 2 und Nr. 3 nimmt, denn wenn sich auch der Teig etwas theuerer stellt, so ist er umsomehr ergiebiger und man kann infolge dessen beim einlegen des Gewichts der Lebkuchen weniger nehmen und erzielt eine viel schönere Waare. Die Zusammenstellung des Teiges ist folgendermassen:

50 Pfund Honig,
50 „ Mehl,

in beliebig oben angegebener Mischung. Der Honig wird auf nicht zu starkem Feuer zum Kochen gebracht und genügt es, wenn derselbe anfängt zu steigen, bezw. anfängt zu kochen; es ist nicht nöthig, dass der Honig längere Zeit kocht und hat derselbe keine weitere Probe nöthig; ist er soweit so wird

er durch ein Sieb oder Seiher in den Trog zum An-
mischen geschüttet und bleibt er darin bis er ziemlich erkaltet ist, noch lauwarm, wird entweder das
Mehl mit den Händen oder wenn eine Mischmaschine vorhanden ist mit derselben gut untermengt.
Auch in nachstehender Zusammenstellung:

50 Pfund Honig,

55 „ Mehl,

1½ Liter Wasser

lässt sich ein guter backfähiger Honigteig herstellen,
derselbe benöthigt aber beim Backen, nachdem er
mehr Mehl enthält, im Verhältnis mehr Trieb und
muss hierauf besonders Rücksicht genommen werden. Das Wasser wird beigegeben, wenn der Honig
auf das Feuer gesetzt wird, so dass es sich unter
den Honig kocht.

Wenn die Teige sodann gut untermengt sind,
so kommen sie auf Lager.

Näheres über die Aufbewahrung folgt.

Seit einiger Zeit kommt durch die Firma K o n -
r a d G o l l e r , N ü r n b e r g , als Ersatz für den im
Preise hohen H a v a n n a h o n i g ein

Honig-Ersatz

in den Handel, diesen H o n i g - E r s a t z habe ich
auf Anregung obiger Firma einer Backprobe unter-
zogen und ist das Resultat derselben ein sehr gün-
stiges gewesen.

Die Probe, die ich aus dem reinen Teig des
Honigersatz gebacken habe, lässt erkennen, dass derselbe ganz gut anzuwenden ist und kann densel-

ben ganz besonders empfehlen, weil durch die An-
wendung desselben der theuere Honig ersetzt wird und
die Qualität und Geschmack der Waare eine zufrie-
denstellende ist.

Mit dem Kochen des Teiges wird in derselben
Weise wie vorstehend beschrieben verfahren.

Herstellung des Syrupteiges.

Die Zubereitung des Syrupteiges, ist dieselbe
wie die des Honigteiges, es wird einfach statt Honig,
Syrup gekocht und mit dem dazu bestimmten Mehl
vermengt. Beim Einkauf des Syrups muss man besonders auf gute Qualität sehen, es gibt Syrup in
allen Preislagen, die geringeren Sorten sind aber
nicht empfehlenswerth, und ist eine Mittelsorte vor-
zuziehen.

Es gibt auch eine Art Syrup, Kartoffel- oder
auch Capillairsyrup genannt, dieser wird gewöhnlich unter besseren Syrup gemischt, um diesen
billiger zu machen, dies ist aber nicht rathsam, denn
der in den Handel gebrachte Syrup enthält schon
zur Genüge von dieser Sorte, auch ist ja bekannt,
dass in den Raffinerien den Syrup möglichst viel
Zucker entzogen wird, folglich darf man ihn nicht
geringer machen, will man dagegen einen besseren
Syrupteig herstellen, so gebe man dem flüssigen
Syrup ein bestimmtes Quantum Farinzucker bei, wie
aus nachfolgendem Recept ersichtlich ist und lasse
denselben mit dem dazu nöthigen Wasser aufkochen;
dieser Teig hat den Vorzug grösserer Süsse, benöthigt nicht so viel Trieb, verbäckt sich leichter und
die Waare bekommt ein schöneres Ansehen.

Gewöhnlicher Syrupteig wird auf folgende Weise zusammen gestellt:

50 Pfund Syrup,
50 „ Mehl,

in der bereits unter „Honigteig" beliebten Mischung. Auch hier genügt es den Syrup auf dem Feuer an das Kochen kommen zu lassen, nachdem er erkaltet ist, wird das Mehl untermengt.

Eine andere Art ist folgende:

50 Pfund Syrup,
55 „ Mehl,
1½ Liter Wasser.

Feiner Syrupteig.

50 Pfund Syrup,
5 „ Farin,
55 „ Mehl,
1½ Liter Wasser.

Auf dieselbe Weise wie vorstehender Honig- und Syrupteig lässt sich auch eine Mischung mit Honig und Syrup vornehmen, bei dieser Bereitung kann man auch gleich die Gewürze, Citronat, Orangeat und Citronen mit beimengen, es hat dies den Vorzug, dass sich das Ganze während der Lagerung besser verbindet und auf diese Weise der Geschmack ein feinerer wird. Andererseits muss auch ein grösseres Lager von Teigen vorhanden sein, um gegebenen Falls auch in der Lage zu sein, alle Sorten die benöthigt sind, anfertigen zu können. Der Vortheil von dieser Art Bereitung liegt darin, dass das zeitraubende Zusammenwiegen erspart bleibt, man braucht nur ein beliebiges Quantum Teig zu nehmen und mit dem entsprechenden Trieb zu versetzen.

Die Zusammenstellung zu diesem Lebkuchenteig ist folgende:

Feinster Lebkuchenteig.

25 Pfund Honig,
25 Pfund Syrup,
50 Pfund Mehl,
1 Pfund gemahlenen Zimmt,
120 gr. gemahlene Nelken,
50 „ „ Cardamomen,
50 „ „ Muskatblüthe,
5 abgeriebene Citronen,
5 Pfund Pomeranzenschaalen.

Feiner Lebkuchenteig.

16 Pfund Honig,
34 „ Syrup,
50 „ Mehl,
400 gr. gemahlenen Zimmt,
100 „ gemahlene Nelken,
40 „ „ Cardomomen,
40 „ „ Muskatblüthe,
4 abgeriebene Citronen,
4 Pfund Pomeranzenschaalen.

Diese Lebkuchenteige lassen sich selbstverständlich in noch feinerem aber auch noch geringerem Verhältnis zubereiten und richtet sich dies dann je nach der Preislage der Lebkuchen, die man daraus zu fertigen beabsichtigt.

Ueber die zu den Lebkuchenteigen angegebenen
Pommeranzenschaalen folgt die Zubereitung unter
der Rubrik „R o h m a t e r i a l i e n".

Ausser den bisher aufgeführten H o n i g -, S y r u p -
und L e b k u c h e n t e i g e n sind in der Lebküchnerei noch folgende Teige anwendbar: Z u c k e r -
und W a s s e r t e i g.

Der

Zuckerteig

wird bereitet indem man

8 Pfund Farinzucker mit
3 Liter Wasser so lange auf dem Feuer
behält, bis der Zucker
aufgelöst ist und wenn
erkaltet
16 Pfund Mehl darunter gearbeitet wird.

Dieser Teig ist speziell für S a u ç e l e b k u c h e n
sehr empfehlenswerth, da er einerseits billiger ist
und andererseits mehr Trieb verträgt und die Waare
dann ein scheinlicheres Ansehen bekommt. Dieser
Teig gebraucht keine Lagerung und kann derselbe
je nach Bedarf angefertigt werden.

Der

Wasserteig

hat den Zweck, bei allenfalls zu stark getriebenen
Teigen, oder wenn dieselben infolge zu langem Lager
fliessen sollten, dasselbe zu verhindern und ist dieser dann im Verhältnis zuzugeben. Die Bereitung
desselben ist höchst einfach und wird ein bestimmtes Quantum Mehl mit Wasser zu einem Teig
angeknetet, welcher ebenso fest ist wie der zu ver-
arbeitende Teig und wird dann unter diesen gehörig,

entweder mit der Breche oder mit der Maschine darunter gearbeitet.

Aufbewahren der Lebkuchenteige.

Wenn die Teige in der vorherbeschriebenen Weise ordentlich durchgearbeitet sind, so müssen sie einen förmlichen Gährungsprozess durchmachen und sind dieselben deswegen an einem kühlen Orte gut gedeckt in Fässer oder Kübeln auf Lager zu nehmen, es eignet sich dazu selbstredend der Keller am besten, doch darf dieser nicht feucht sein, da sich sonst oben auf dem Teige Schimmel bilden würde und dadurch verliert der Teig an Qualität und Geschmack. Auch das Alter der Teige ist zu berücksichtigen und ist es empfehlenswerth keinen Teig unter 3—4 Monate Lager zu verwenden, da sich abgelagerte Teige viel schöner backen, ein schöneres Ansehen bekommen und die Waare viel grösser damit wird; junge Teige haben den Nachtheil viel Trieb zu benöthigen, beim Backen zusammenzuschnurren und das schöne Ansehen zu verlieren. Wie in allen, so gelten auch hier Ausnahmen und sind eben die Teige vor dem Angriff auf ihre Güte zu erproben; der eine Teig muss ein längeres Lager haben; ein anderer dagegen ist nach 4—6 Wochen backfähig.

Die Rohmaterialien zu den braunen Lebkuchen.

Ausser den vorher beschriebenen Teigen benöthigt man zu den braunen Lebkuchen folgende

Materialien: Citronat, Orangeat, Pommeranzenschaalen, Mandeln, Citronen. Gewürze
als: Zimmt, Nelken, Cardamomen, Muskatblüthe, Amonium oder Hirschhornsalz und
Pottasche.

Citronat und Orangeat.

Diese beiden Zuthaten werden im verkleinerten
Zustande, also gehackt zur Verwendung gebracht,
bevor dies jedoch geschieht, ist es gut, zuerst aus
den ganzen Stücken den nöthigen Vorrath zum spicken
oder belegen der einzelnen Lebkuchen herauszuschnei-
den und die Abfälle dann zum verkleinern und zur
Beigabe bei den einzelnen Teigen herzurichten. Dass
die Stücke dem Verhältniss der Grösse der Lebkuchen
entsprechend verwendet werden, bedarf wohl keiner
Andeutung.

Von dem Citronat wird der kandirte Zucker
weggeschnitten und aus dem reinen Fleisch schöne
Stückchen nach Belieben zugerichtet.

Das Orangeat wird ebenso behandelt, also von
dem Zucker befreit; nur wird es meist rauthenförmig zur Verwendung gebracht und lassen sich
diese Rauthen am besten durch ausstechen herstellen.

Die

Pomeranzenschaalen

werden bei den billigeren Sorten Lebkuchen, anstatt
Citronat und Orangeat verwendet. Man kann
sich diese selbst zurichten, indem man getrocknete
Pomeranzenschaalen in Wasser circa 24—30 Stunden

gehörig einweicht, sodann werden sie von dem
ersten Wasser befreit und in einem anderen Wasser
weich gekocht. Nachdem dies geschehen wird das
aufgesaugte Wasser aus den Schaalen gedrückt, klein
gehackt und mit Farinzucker eingekocht, bei welchen
auf

10 Pfund klein gemachte Schaalen,

10 „ Farinzucker dazu genomn
wird; hier ist zu beachten, dass dieselben nicht
stark gekocht werden, da sie sonst candiren. Au
bei dem einkochen der Lebkuchenteige sind diese
anwendbar. Das Einkochen mit Zucker ist dann
nicht nöthig, jedoch ‚müssen die weichgekochten
und kleingehackten Schaalen gleich zur Verwendung
kommen.

Die
Citronen

von denen nur das Gelbe anwendbar ist, müssen entweder auf dem Reibeisen oder wenn diese mit dem
Wiegemesser zerkleinert, möglichst fein gemacht
werden; sollen die Schaalen im Vorrath gehalten
werden, so empfiehlt es sich, dieselben mit Zucker
zu untermengen.

Die
Gewürze

von denen wie bereits angegeben: Zimmt, Nelken,
Cardamomen und Muskatblüthe zur Verwendung
kommen, müssen selbstverständlich durchgehends
von reiner Qualität sein, da sie sonst ihren Zweck

verfehlen; je reiner und feiner die Gewürze gemahlen oder gestossen sind, desto besser wird der
Geschmack der Lebkuchen.

Bezüglich der

Mandeln

zu den braunen Lebkuchen ist zu beachten, dass
dieselben in der den Lebkuchen entsprechenden
Grösse zur Verwendung kommen, sie werden, nachdem die Teige ziemlich fertig sind, unter diese gearbeitet, entweder mit der Breche, oder mit der
Maschine. Bevor dies geschieht müssen die Mandeln vorher in Wasser eingeweicht werden, alles
übrige Wasser muss darnach entfernt werden und
sollen die Mandeln eigentlich nur gut feucht unter
die Masse kommen. Der Zweck dieses Anfeuchtens
ist der, dass die Mandeln durch die Feuchtigkeit
während dem Backen am Boden bleiben, der Teig
sich rings um die Mandeln hebt und auf diese Weise
dann die Vertiefungen zum Vorschein kommen. Die
zum Spicken oder Belegen bestimmten Mandeln, wozu natürlich schöne gleichmässige und nicht zu grosse
Mandeln dazu genommen werden, kommen, wenn sie
abgeschält sind, über Nacht in frisches Wasser, am
andern Tage lösen sie sich dann ganz schön auseinander und können dann, nachdem sie getrocknet
sind, verwendet werden.

Der zu den b r a u n e n L e b k u c h e n benöthigte
Trieb ist

Pottasche und Amonium

welcher mit Sorgfalt anzuwenden ist. Die P o t t a s c h e
muss in Wasser eingeweicht und vor dem Gebrauch

entweder in einer Reibschaale, oder wenn mehr davon benöthigt wird, auf einer kleinen Mühle fein
gerieben werden, wozu sich speziell die Oelfarben-
mühlen eignen, denn wenn die Pottasche nicht fein
verrieben ist, so dass noch kleine Körnchen darin
enthalten sind, diese in dem Lebkuchen Blasen er-
zeugen; es ist also nochmals gerathen der Pottasche
stets Aufmerksamkeit zuzuwenden. Zu beobachten
ist, dass die Pottasche, wenn sie mit Wasser versetzt wird; nach einer Weile anfängt warm zu werden; infolge dessen dann das Wasser verdunstet und
ganz fest wird; es muss also noch Wasser zugegeben und die Masse stets wie ein dicker Brei gehalten werden.

Das Amonium oder Hirschhornsalz, ist
bevor es in den Teig kommt in einem eisernen
Mörser, (Messingmörser ist nicht anwendbar;) zu
stossen und muss durch ein Haarsieb abgesiebt werden. Auch dieses ist in ganz feinem, jedoch trocke-
nem Zustande zu verwenden. Man kann dasselbe
jedoch, allerdings nicht mehr als benöthigt wird,
mit Wasser anfeuchten und ähnlich wie oben beschrieben auch in einer Reibschaale verreiben. Am
sichersten verfährt man, wenn das bestimmte Quantum Trieb, also Pottasche und Amonium zusammen mit etwas Wasser in der Reibschaale verrieben wird, um dann das Ganze durch ein Haarsieb auf den Teig zu bringen; sollte dann etwas
zurück bleiben, so muss nochmals in oben angegebener Weise verfahren werden. Das Amonium kann
auch mit Eiern befeuchtet werden, dies geschieht
jedoch nur dann, wenn unter dem Lebkuchenteig,
Eier darunter kommen sollen; hier sei bemerkt, dass

das Amonium ziemlich rasch verflüchtigt und dem-
entsprechend diese Masse bald krustig wird.

Die Verarbeitung der Teige.

Um die nun abgelagerten Teige aus den Kübeln zu bringen, bedarf man eines eisernen Teig-
stecher's in der Form eines Spaten, denn dass die
Teige in Folge des langen Lagers fest geworden
sind, ist selbstverständlich. Im Winter ist von
Nutzen die Teige mehrere Stunden in der Wärme
zu halten, damit sich diese leichter verarbeiten lassen.
Die Verarbeitung der Teige geschieht entweder mit
Maschinen, Walzen, oder Brechen.

Zunächst lasse die Verarbeitung mit Maschinen
folgen und eignen sich dazu die bekannten „Universal" Knet- und Mischmaschinen der Firma W e r n e r
& P f l e i d e r e r C a n n s t a t t. Diese Maschinen sind
in der Honig- und Lebkuchen-Fabrikation vielfach
im Gebrauche, sie dienen nicht nur zur Herstellung
des Grundteiges, also zum Vormischen des Honigs
und Syrups mit Mehl, (siehe Herstellung des Honigs
und Syrupteiges) sondern auch zum Fertigarbeiten
des Teiges, wozu man sich sonst der Walzen und
Teigbrechen bedient.

Die Knetmaschine hat den Vortheil, dass sie
ganz wenig Bedienung braucht, denn sobald der
Teig in die Maschine eingegeben und dieselbe im
Gang ist, wird eine weitere Nacharbeit überflüssig.

Für die oben genannten beiden Zwecke wird
die „Universal" Knet- und Mischmaschine natürlich in
verschiedenen Ausführungen gebaut, denn das Vormischen des Teiges braucht nur eine Maschine in ge-

wöhnlicher Konstruktion, wogegen die Maschine zum Brechen der festen Teige auserordentlich stark und mit einer besonderen Art der Mischflügel versehen, gebaut werden muss.

Das Prinzip der Werner und Pfleiderer'schen Maschinen ist aus beigegebenen Abbildungen ersichtlich.

„Universal" Knet- und Mischmaschine Typ. V. in arbeitender Stellung.

In einem Trog, welcher während der Arbeit horizontal steht, bewegen sich zwei eigenthümlich geformte Mischflügel, (Knetschaufeln) mit verschiedenen Geschwindigkeiten gegeneinander und wird hierdurch nicht nur eine innige Mischung, sondern auch eine vollkommene Knetung bewirkt. Der An-

3*

trieb erfolgt mittelst des Reversier-Apparates, mittelst welchem durch Umstellen des Handrades die Schaufeln sowohl vor- als rückwärts bewegt und ebenso still gestellt werden können.

Nachdem der Teig fertig geknetet ist, wird der Trog umgekippt, wobei man die Schaufeln auseinander laufen lässt und fällt dann der Teig von selbst in ein untergestelltes Gefäss.

„Universal" Knet- und Mischmaschine Typ. V.
zur Entleerung umgekippt.

Für kleinere Geschäfte, bezw. in solchen, in denen eine Mandelreibmaschine vorhanden ist, ist letztere an Stelle einer Walze oder Breche mit Vortheil anzuwenden, der Teig zu der zu machenden Sorte Lebkuchen wird zusammengewogen, alles Gewürz, Trieb etc. beigegeben um dann so lange durch die

Maschine gedreht zu werden, bis der Teig innig
vermischt ist, diese Maschinen sind Eingangs er-
wähnt und folgt nachstehend Abbildung.

Die einfachste, aber auch beschwerlichste Art
der Teigbearbeitung geschieht durch die Breche und
ist hierbei zu beachten, dass der Teig gehörig durchgearbeitet wird.

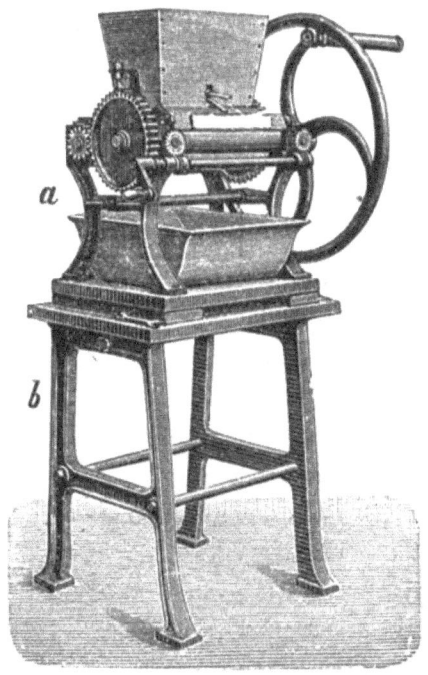

Schimpfle's Mandel-Reibmaschine.

Nachdem der Teig fertig gearbeitet ist, werden
die Stücke ausgewogen und dann mit dem Abdrück-
holz zum einschlagen in die Formen zugerichtet;
diese Formen können aus einfachem hartem Holz
hergestellt werden.

Zuvor man an das Aufarbeiten geht, ist es
rathsam, stets eine Probe vom Teig zu backen, denn
ein Teig von dem anderen verträgt mehr oder we-

niger Trieb; der Lebkuchen muss sich im Ofen schön heben, muss den Stand behalten, darf also nicht zusammenfallen; ist dies der Fall, dann muss etwas Teig zugegeben werden, hebt er sich nicht, so muss mit Trieb etwas nachgeholfen werden; dabei ist aber nicht ausser Acht zu lassen, dass der Ofen auch die richtige Hitze hat, denn wenn der Ofen zu kalt ist, dann kann sich der Lebkuchen nicht heben und geht das backen zu langsam; ist die Hitze zu gross, so hebt er sich rasch, da der Kuchen aber nicht ausgebacken werden kann, fällt er wieder zusammen, es muss also Teig und Ofen die richtige Beschaffenheit haben.

Sehr empfehlenswerthe Oefen, besonders für nicht zu grossem Betriebe, liefert die Firma Gust. Höllwarth, München. Diese Oefen haben den Vortheil in Folge der Steinböden die Hitze lange Zeit gleichmässig zu erhalten; dass zu einer schönen Backwaare auch ein guter Ofen nothwendig ist, dürfte als selbstverständlich erachtet werden. Es bestehen zur Zeit verschiedene Systeme, welche mit mehr oder weniger Erfolg eingeführt sind; als das ursprünglichste System, dürften die gemauerten Oefen erscheinen; um verschiedene Mängel bei den gemauerten Oefen zu heben, wurden dieselben später in Eisen gebaut, jedoch ohne Mauerung, wodurch aber viel Hitze nach aussen verloren ging; für grössere Geschäfte speciell Conditoreien wurden späterhin grosse gemauerte Oefen mit 1—3 Backräumen übereinander hergestellt, welche Abends mit Coacs geheizt, — den ganzen anderen Tag ununterbrochen gebacken werden konnte, was nicht zu unterschätzen ist; ein Ofensystem, ein Zwischending, — welches die Vortheile der grossen und kleinen Oefen vereinigt,

ohne die Nachtheile derselben zu besitzen, — wurde
der Firma Gust. Höllwarth, München vor Nach-
ahmung gesetzl. geschützt; die betreffenden Oefen sind
aussen von Eisen und lackirt und innen solid ausgemau-
ert, die Backrohre haben Steinböden aus feuerfestem
Material, das untere Rohr ist durch ein eigenthümlich geformtes Flachgewölbe geschützt; durch die
rationelle Circulationsanlage wird eine gleichmässige
Backhitze bei wenig Brennstoffverbrauch erzielt und
kann zu jeder Zeit reguliert werden.

Nähere Beschreibung über Construction und
Preise der Oefen ertheilt gerne die Firma Gust.
Höllwarth, München Nymphenburgerstr.

Sind die Lebkuchen schön ausgebacken und erkaltet, dann werden dieselben oben und unten gehörig abgekehrt und abgebürstet und von dem allenfalls anhängenden Mehl befreit; was besonders der
Fall ist, wenn die Bleche mit Mehl bestaubt worden
sind; ist dagegen Paniermehl angewendet worden,
so brauchen die Lebkuchen nur abgekehrt werden,
(Paniermehl fabricirt in guter Qualität Carl Bader
in Aalen, Württemberg.) Die grö seren Sorten
kann man nach dem abkehren auf den Boden mit
Wasser überstreichen, dadurch erzielt man einen
schönen, reinen und glatten Boden der Lebkuchen,
dann müssen diese so lange stehen bleiben, bis sie
gehörig abgetrocknet sind, damit sie beim Röschen
nicht ankleben. Nachdem die Lebkuchen so weit
sind, werden sie oben mit Kartoffelstärke vorgestrichen und in den Trockenschrank zum hart werden
gestellt; dies benöthigt je nach Grösse und Qualität,
kürzere oder längere Dauer, da auch die vorhandene
Wärme in Betracht kommt.

Die eben erwähnte Kartoffelstärke wird in der
Weise bereitet, dass man je nach Bedarf, Kartoffelmehl
mit kaltem Wasser erst anrührt, dann wird so viel
kochendes Wasser rasch nachgegossen, dass es eine
dünnflüssige Stärke wird, mit dieser Stärke werden
die Lebkuchen dünn vorgestrichen; zu beachten ist,
dass diese Vorstreiche nicht dick wird, sondern
dünnflüssig bleibt, denn mit diesem vorstreichen
soll ein ganz dünner Ueberzug gebildet werden.
Sind dann die Lebkuchen so weit, so wird das ei-
gentliche glasiren oder auch „Röschen" genannt,
vorgenommen. (Nähere Beschreibung siehe unter
Glasuren). Ist die Glasur vorgerichtet, dann werden
die Lebkuchen durch den Ofen gezogen, damit sie
warm werden, und dann möglichst rasch mit der
Glasur überstrichen. Nachdem sie überstrichen sind,
werden sie nochmals durch den Ofen gezogen, was
sehr rasch geschehen muss, da sonst die Glasur aufzieht; und dann werden sie kalt gestellt.

Sind die Lebkuchen genügend erkaltet, dann werden sie zu je 6 Stück in Pakete gewickelt und auf Lager
genommen. Das hiefür bestimmte Lager darf nicht
feucht sein, am besten eignet sich zu diesem Zweck
ein trocken, kühler, der Sonne nicht ausgesetzter
Raum; sehr empfehlenswerth ist es, die Lebkuchen
bei längerem Lager in Blechkisten, bezw. Holzkisten
mit Blech ausgeschlagen, aufzubewahren, die Lebkuchen müssen in den Kisten stets auf die Kante
zu liegen kommen, damit sie nicht zusammengedrückt
werden, und andererseits auch nicht so leicht zusam-
menkleben können.

Alle Teige zu Braunen oder Basler Lebkuchen,
werden auf vorstehend beschriebene Weise angefer-

tigt und können dieselben, je nach Qualität feiner
oder geringer zusammengestellt werden.

Nachstehend folgen verschiedene Zusammenstellungen:

Extrafeine braune Königskuchen.

Unter den „Braunen Lebkuchen" stehen die „Extrafeinen Königskuchen" an erster Stelle, denn sie sind
aus. den besten Teigen hergestellt; enthalten viel Citronat, Orangeat und Mandeln etc.; auf die Verzierung
muss besondere Sorgfalt verwendet werden; diese wird
mit Citronat und Mandeln vorgenommen und je nach
der Grösse der Lebkuchen ausgeführt; die Königskuchen werden für gewöhnlich nur in Carton's verkauft und können in Runder- aber auch Tafelform
hergestellt werden.

Die Masse ist:

20 Pfund Honigteig
10   „   Syrupteig
10   „   Zuckerteig
4   „   Mandeln
1   „   Citronat
1   „   Orangeat
180 Gramm Zimmt
50   „   Nelken
20   „   Cardamomen
20   „   Muskatblüthe
2 Stück Citronen
160 Gramm Pottasche
70   „   Amonium
3--4 Stück Eier.

Unter die Masse zu Königskuchen kommen die
Mandeln ganz darunter; denn sie werden auch im Ver-

hältniss zu den anderen Lebkuchen im Teig dicker gehalten bezw. im Verhältniss zu den anderen Lebkuchen
kleiner gemacht, ebenso darf Citronat und Orangeat
etwas gröber gehackt sein, es gibt dies den Kuchen
beim durchschneiden ein schönes Ansehen.

Feinste braune
dickgemandelte Lebkuchen.

Unter den in dem Handel vorkommenden
Braunen Lebkuchen sind die „Feinsten braunen dickgemandelten Lebkuchen" die erste Qualität, sie werden auch aus den besten Teigen hergestellt und enthalten viel Mandeln, Citronat und Orangeat etc. die
Ausschmückung der Lebkuchen wird einfacher, wie
bei den Königskuchen gehalten und richtet sich diese
je nach der Grösse und den Preis der Lebkuchen.
Die Verpackung ist in Packete à 6 Stück; die grösseren Sorten der leichteren Handhabung wegen in
Packete à 3 Stück.

Auch bei diesen Lebkuchen, kann man bei den
kleineren Sorten etwas von den Mandeln und dem
Citronat und Orangeat weniger nehmen.

Die Zusammenstellung ist folgende :

20 Pfund Honigteig,
20 „ Syrupteig,
6 „ Zuckerteig,
2 „ Wasserteig.
3 „ 250 gr. Mandeln,
1 „ Citronat,
1 „ Orangeat,

200	gr. gemahlenen	Zimmt,
50	„ „	Nelken,
20	„ „	Cardamomen
20	„ „	Muskatblüthe
2	Citronen	
200	„ Pottasche	
100	„ Amonium	

Feinste braune
dickgemandelte Lebkuchen.
(Andere Art. Kleine Sorte).

18 Pfund Honigteig,
20 „ Syrupteig,
8 „ Zuckerteig,
2 „ Wasserteig,
2 „ 250 gr. Mandeln,
375 Gramm Citronat,
375 „ Orangeat,
150 „ gemahlenen Zimmt,
50 „ „ Nelken,
15 „ „ Cardamomen.
15 „ „ Muskatblüthe,
2 Citronen,
200 gr. Pottasche,
110—120 gr. Amonium.

Feinste braune dickgemandelte Lebkuchen.

(Andere Art. Kleinste Sorte).

15	Pfund	Honigteig,
20	„	Syrupteig,
10	„	Zuckerteig,
3	„	Wasserteig,
2	„	Mandeln,
375	gr.	Citronat,
375	„	Orangeat,
150	„	gemahlenen Zimmt,
50	„	„ Nelken,
15	„	„ Cardamomen,
15	„	„ Muskatblüthe,
2	Citronen,	
200	gr.	Pottasche,
130	„	Amonium.

Halbdickgemandelte braune Lebkuchen.

Eine Hauptsorte d. Braunen Lebkuchen sind die „Halbdickgemandelten", sie kommen als zweite Qualität in den Handel und eignen sich desshalb speziell für Wiederverkäufer, sie sind nicht so stark gemandelt wie die dickgemandelten; werden überhaupt etwas leichter gehalten, in Folge dessen sie sich auch billiger stellen und desshalb grösser gemacht werden können.

Die Masse zu diesen ist:

12 Pfund Honigteig

20 „ Syrupteig

20 Pfund Zuckerteig
3 „ Wasserteig
1 „ 200 Gramm Mandeln
1 „ 250 „ Pomeranzenschaalen
100 Gramm gemahlenen Zimmt
30 „ „ Nelken
10 „ „ Cardamomen
10 „ „ Muskatblüthe
2 Citronen
200 Gramm Pottasche
150 – 155 „ Amonium.

Halbdickgemandelte braune Lebkuchen.
(Andere Art).

15 Pfund Honigteig
20 „ Syrupteig
15 „ Zuckerteig
3 „ Wasserteig
1 „ 250 Gramm Pomeranzenchaalen
2 „ Mandeln
100 Gramm gemahlenen Zimmt
30 „ „ Nelken
10 „ „ Cardamomen
10 „ „ Muskatblüthe
2 Citronen
200 Gramm Pottasche
150 „ Amonium.

Braune dünngemandelte Lebkuchen.

Diese Lebkuchen sind ähnlich den „Halbdickge-mandelten", nur haben sie weniger Mandeln und der Teig ist geringer, dafür werden sie aber auch ent-sprechend grösser wie die halbdickgemandelten an-gefertigt, sie eignen sich desshalb für jene Abnehmer, welche mehr auf grosse Waare, als auf gute Quali-tät sehen.

Nachstehende Masse beliebe man anzuwenden:

10 Pfund Honigteig,
20 „ Syrupteig.
20 „ Zuckerteig.
3 „ Wasserteig,
1 „ 250 gr. Pomeranzenschaalen.
400 gr. Mandeln,
100 „ gemahlenen Zimmt,
50 „ „ Nelken,
200 „ Pottasche,
150—160 „ Amonium.

Diese Zusammenstellung ist für kleinere Leb-kuchen bestimmt, bei den mittleren Sorten kann man statt 400 gr. Mandeln, 600 gr. und bei den grösseren 800 gr. Mandeln nehmen, sonst bleibt Alles wie oben angegeben.

Eine weitere Sorte von den braunen Lebkuchen sind:

Braune gewürzte Lebkuchen.

Dies ist eine Sorte Lebkuchen ohne Mandeln, der Teig ist gering zusammengestellt, als Zuthaten werden nur Pomeranzenschaalen und Gewürz genommen und die Kuchen dann entsprechend gross gemacht, es ist dies speciell eine Marktwaare und wird folgende Masse angewendet:

8 Pfund Honigteig,
12 „ Zuckerteig,
20 „ Syrupteig,
2 „ Wasserteig,
60 gr. gemahlenen Zimmt,
40 „ „ Nelken,
200 „ Pottasche,
150 „ Amonium.

Bei diesen Lebkuchen ist zu beachten, dass ganz gut abgelagerte Teige dazu genommen werden, da sie sonst gerne blasig werden, es ist rathsam, dieselben vor dem sie gebacken werden, einigemal zu stupfen.

Feinste Basler Lebkuchen.

Zu diesen Lebkuchen wird derselbe Teig verwendet, wie zu den „Feinsten braunen dickgemandelten Lebkuchen", nachdem sie gebacken und rein abgekehrt sind, werden sie etwas hart gemacht und dann mit „Basler Glasur" glasirt. (Siehe Glasuren).

Halbfeine Basler Lebkuchen.

Hiezu ist die Masse von den „Halbdickgemandelten Lebkuchen" anzuwenden, ausserdem ist die Behandlung und das Glasiren, genau in der vorherbeschriebenen Weise wie bei den Feinsten Basler Lebkuchen. auszuführen.

Basler Lebkuchen
(Kleine Sorte).

5 Pfund Honigteig,
20 „ Syrupteig,
15 „ Zuckerteig,
2 „ Wasserteig,
60 gr. gemahlenen Zimmt,
40 „ „ Nelken.
200 „ Pottasche,
160 „ Amonium.

Basler Lebkuchen,
(Kleinste Sorte).

12$\frac{1}{2}$ Pfund Syrupteig,
8 „ Zuckerteig,
1$\frac{1}{2}$ „ Wasserteig,
100 gr. Pottasche,
90 „ Amonium,
40 „ gemahlenen Zimmt,
25 „ „ Nelken.

Feinste Basler Leckerle.

Die Herstellung der Basler Leckerle ist insofern eine Andere, als diese nicht in Formen eingeschlagen und einzeln auf den Blechen gbacken werden, sondern man fertigt dazu ganze Streifen, die auf schwach gefetteten und mit Paniermehl bestaubten Blechen gebacken werden, an und gibt ihnen gleich ein bestimmtes Mass; sind diese gebacken und zu beiden Seiten rein abgekehrt, so werden sie mit Baslerglasur glasirt und nachdem in der gewünschten Grösse circa 10 Centimeter lang und 6—7 Centimeter breit geschnitten. Die Zuthaten müssen entsprechend fein gehackt sein. Die Basler Leckerle sind etwas sehr Feines im Geschmack und werden aus ganz feinen Honigteige hergestellt.

Die Masse dazu ist:

25 Pfund feiner Honigteig

3 „ gehackte Mandeln

250 Gramm Citronat

250 „ Orangeat

100 „ gemahlenen Zimmt

40 „ „ Nelken

15 „ „ Cardamomen

15 „ „ Muskatblüthe

2 Citronen

100 Gramm Pottasche

75 „ Amonium.

4

Sauce-Lebkuchen.

Die Sauce-Lebkuchen werden, wie schon die Benennung angibt, zu Saucen verwendet und werden in verchiedenen Grössen hergestellt, die Behandlung weicht insofern von den anderen Lebkuchen ab, als dieselben nach dem sie abgedrückt und eingeschlagen sind, in Kapseln gebacken werden, dadurch kann sich der Kuchen beim backen nicht ausbreiten und ist gezwungen in die Höhe zu gehen, die Kuchen bezw. Tafeln bekommen dadurch eine entsprechende Dicke und werden nachdem sie geröscht und erkaltet sind, der Länge nach durchgeschnitten und je 4 halbe Tafeln in Pakete verpackt.

Die Masse dazu ist folgende:

15 Pfund Honigteig
15 „ Zuckerteig
20 „ Syrupteig
3 „ Wasserteig
100 Gramm gemahlenen Zimmt
50 „ „ Nelken
200 „ Pottasche
150—180 „ Amonium.

Ausser oben angeführten Saucekuchen in dicken Tafeln, kann man auch solche in Tafelform herstellen, diese werden in verschiedenen Grössen angefertigt und je nach derselben mit einer oder auch zwei Mandeln gespickt und werden gleich den anderen Leb-kuchen in Paquete von 1 Dtz. bezw. in solchen von 1/2 Dtz. gepackt, diese

Sauce-Tafeln

werden aus folgender Masse bereitet:

15 Pfund Honigteig
15   „   Syrupteig
15   „   Zuckerteig
3   „   Wasserteig
50 Gramm gemahlenen Zimmt
50   „   „   Nelken
180   „   Pottasche
130   „   Amonium.

Braunschweiger Reibkuchen.

Dies ist eine Sorte Saucekuchen, welche speziell in Norddeutschland eingeführt ist. Diese Kuchen werden entweder auf Randbleche, oder wenn diese zu gross sein sollten, auf Bleche die mit Holzrahmen umfasst sind, gebacken; für gewöhnlich fertigt man Tafeln von fünf oder zehn Pfund Teig an. Um sie schön gleichmässig herstellen zu können, ist es gut, je nach Grösse entweder $1/2$ oder 1 Pfundstücke nebeneinander einzulegen und wenn die Rahmen voll sind, auf jedes einzelne Stück eine beliebige Form einzudrücken. Es ist darauf zu achten, dass sie langsam backen, damit sie nicht zusammenfallen. Nach dem Backen, werden sie etwas hart gemacht und mit Brauner Lebkuchenglasur glasirt.

Die Zusammenstellung ist wie folgt zu empfehlen:

16 Pfund Honigteig
12   „   Zuckerteig
22   „   Syrupteig
3   „   Wasserteig

4*

100 Gramm Zimmt
50 „ Nelken
200 „ Pottasche
70—80 „ Amonium.

Feinste Magenkuchen.

Dieselben werden aus den besten Teigen zubereitet, jedoch kommen keine Mandeln dazu, desshalb
eignen sie sich für Kranke, besonders für Magen-
leidende. Diese Lebkuchen werden in ovaler Form
hergestellt:

8 Pfund Honigteig
10 „ Syrupteig
5 „ Zuckerteig
1 „ 250 Gramm Wasserteig
250 Gramm Citronat
250 „ Orangeat
75 „ gemahlenen Zimmt
25 „ „ Nelken
10 „ „ Cardamomen
10 „ „ Muskatblüthe
1 Citrone
100 Gramm Pottasehe
60 „ Amonium.

Diese Kuchen werden mit Citronatschnitten gespickt.
In etwas geringerer Qualität werden die:

Feinen Magenkuchen

hergestellt, diese jedoch in runder Form.

Die Masse dazu ist:

6 Pfund Honigteig
10 „ Syrupteig
10 „ Zuckerteig
1 „ 250 Gramm Wasserteig
375 Gramm Citronat und Orangeat
50 „ gemahlenen Zimmt
15 „ „ Nelken
5 „ „ Cardamomen
5 „ „ Muskatblüthe
1 Citrone
100 Gramm Pottasche
75 „ Amonium.

Eeinste gefüllte Thorner.

Die Thorner Lebkuchen, werden in zwei Ausführungen hergestellt un l zwar, Gefüllte Thorner und
Mandel-Thorner. Die gefüllten Thorner werden in
der Weise bereitet, dass mit fertiggestellten Lebkuchenteig der Feinsten dickgemandelten Braunen
Lebkuchen, jedoch ohne Mandeln, dünne Blätter in
entsprechender Grösse der anzufertigenden Lebkuchen ausgelängt werden. Diese Kuchen werden in
Blechformen gebacken, welche schwach mit Fett
bestrichen, und mit Paniermehl ausgestaubt werden.
Ein dünnes Blatt Teig, wird auf den Boden der Form
gelegt, auf diesem Boden kommt die Füllung, welche
wieder mit einem Blatt Teig gedeckt wird, das Ganze
wird gleichmässig angedrückt, alsdann werden die
Kuchen gestupft und mässig heiss gebacken, nach

dem Backen werden die Kuchen abgekehrt und etwas hart gemacht und mit Schaumglasur glasirt. (Siehe unter Gasuren).

Die Verpackung ist je nach Grösse entweder in Paquete zu 3 Stück, oder jeder Kuchen einzeln, zuerst in Pergamentpapier, dann in Glacepapier.

Die Füllung zu Thorner Lebkuchen

ist:

3 Pfund feingemahlene Brösel
180 Gramm gemahlenen Zimmt
40 „ „ Nelken
15 „ „ Cardamomen
15 „ „ Muskatblüthe
320 „ Farinzucker
250 „ geröstete gehackte Mandeln
250 „ Citronat gehackt
250 „ Orangeat „
2 Citronen.

Das Ganze wird gut untermengt und nach Bedarf mit Wasser angenetzt, doch muss darauf geachtet werden, dass dies nicht zuviel beigegeben wird.

Feinste braune Thorner.

Auch diese Lebkuchen, werden von ganz feinen jedoch gemandelten Teigen hergestellt, sie werden ebenso wie die Gefüllten Thorner in Kapseln gebacken, aber nicht gefüllt; dafür aber reichlich mit Citronat und Mandeln belegt. Die Verpackung geschieht wie bei den Gefüllten Thorner, in Pergamentpapier und dann in Glacepapier.

Nachstehend die Masse, welche auch für Gefüllte Thorner anwendbar ist, nur ohne Mandeln.

12 Pfund 250 Gramm Honigteig
5 „ Syrupteig
2 „ 250 Gramm Zuckerteig
2 „ Mandeln
1 „ Citronat
1 „ Orangeat
90 Gramm gemahlenen Zimmt
30 „ „ Nelken
10 „ „ Cardamomen
10 „ „ Muskatblüthe
1 Citrone
80 Gramm Pottasche
65 „ Amonium.

Fruchtbrote.

Aehnlich den Extrafeinen Königskuchen, sind in der Masse die Fruchtbrote, sie werden aus den feinsten Teigen hergestellt; sie bekommen ausser den Mandeln, die geröstet und klein geschnitten unter die Masse kommen, noch Sultaninen und Weinbeeren und werden in längliche Formen ähnlich der Kipfform eingeschlagen, man kann sie aber auch mit der Hand façoniren, nur muss dies gleichmässig gemacht werden; vor dem Backen werden sie mit Mandln gespickt,

nach dem Backen glasirt man sie wie die Braunen
Lebkuchen mit Brauner Lebkuchenglasur.

Angefertigt werden diese in Stücke zum 10 und
20 Pfg. Verkauf.

Nachstehende Masse ist dazu anzuwenden:

6 Pfund Honigteig
2 „ Zuckerteig
8 „ Syrupteig
1 „ Citronat
1 „ Orangeat
1 „ 250 Gramm Sultaninen
1 „ 250 „ Weinbeeren
100 Gramm gemahl. Zimmt
40 „ „ Nelken
10 „ „ Cardamomen
10 „ „ Muskatblüthe
90 „; Pottasche
15 „ Amonium
2 Citronen
6 Stück Eier.

III.

Diverse Artikel.

Feinste Makronenplätzchen.

Um schöne Makronenplätzchen zu erhalten, ist es vor Allem nötig ganz trockene Mandeln dazu zu nehmen, diese sind sehr fein, entweder im Reibstein oder in der Mandelreibmaschine zu reiben, der Zucker, der dazu verwendet wird, muss vom Staube befreit sein, damit die Plätzchen schön reissen. Beim Reiben in der Maschine ist den Mandeln etwas Zucker beizugeben, damit diese nicht ölig werden. Sind die Mandeln fein gerieben, dann kommen sie in eine Schüssel und wird der dazu bestimmte Zucker gut untergerührt, alsdann kommt Citronat, Orangeat, und Citrone und nachdem dies alles nochmals schaumig gerührt ist, kommt zuletzt das Mehl hinzu, welches ebenfalls mit der Masse gut zu verrühren ist. Die Masse darf nicht zu fest sein da sonst die Plätzchen zu klein ausfallen, andererseits darf sie nicht zu weich sein, da sie sonst breit laufen und die Facon verlieren, richtig ist sie, wenn sie dickflüssig ist und beim herabfallen vom Spaten sich mit der anderen Masse verbindet.

Man nehme dazu:

    5 Pfund Mandeln
   10 ,,   Zucker
    1 ,,   250 Gramm Mehl
250 Gramm Citronat
250 ,,   Orangeat
    2 Citronen
Eiweis nach Bedarf.

Nachdem die Masse zugerichtet ist, dressirt man auf Oblaten mittelst einer Spritze kleine Häufchen in der Grösse eines Markstückes und bringt diese dann möglichst rasch in den Ofen, im Falle die Plätzchen nicht schön reissen sollten, kann man mit etwas Dunst nachhelfen, doch muss dies mit Vorsicht geschehen. Nach dem Backen lässt man die Makronen erkalten, um dann die über die Plätzchen stehenden Oblaten abzubrechen.

In Blechbüchsen aufgehoben; halten sich diese lange frisch.

Vorstehend aufgeführte Zusammenstellung der Makronenplätzchen, lässt sich insofern feiner herstellen, indem man das Mehl ganz weglässt und dadurch weniger Eiweiss benöthigt.

Im Ganzen ist die Herführung, wie die Verarbeitung der Masse, genau wie vorstehend.

Makronen-Plätzchen.
(Geringere Qualität).

Die Anfertigung und Behandlung dieser Masse, erfolgt genau in der vorher beschriebenen Weise und beliebe man dazu zu verwenden:

7 Pfund 250 Gramm Mandeln
19   „   Zucker
3   „   Mehl
250 Gramm Citronat
250   „   Orangeat
2 Citronen
Eiweiss nach Bedarf.

Bittere Makronenplätzchen.

Bei diesen ist genau wie im Vorstehenden geschildert, zu verfahren nur tritt insofern eine Aenderung ein, als auf obiges Verhältnis bezw. zu 1
Pfund Mandeln 100 Gramm bittere und 400 Gramm
süsse Mandeln gerechnet werden.

Haselnuss-Makronen.

Verfahren und Behandlung ist wie oben angegeben, man kann dieselben entweder ganz von Haselnüssen bereiten, oder auch halb Haselnüsse halb
Mandeln dazu nehmen.

Die Haselnüsse müssen von den Schaalen befreit
sein, was in der Weise geschieht, dass man dieselben
im Ofen ziemlich heiss werden lässt, um dann die
Schaalen in einem Tuche, durch Reiben abzulösen.
Die Schaalen werden entweder abgesiebt oder ausge-
schwungen.

Bestreute Makronen.

Zu diesen kann man nach Belieben, eine der vorstehend beschriebenen Makronenmassen verwenden und nach dem Dressiren, entweder mit gehackten Mandeln oder Haselnüssen, auch Nonparaille oder Hagelzucker bestreuen.

Vanille-Makronen.

Hiezu kann eine der vorstehenden beschriebenen Makronenmassen angewendet werden, nur wird statt Citrone, Vanillegeschmack beigegeben.

Chocolade-Makronen.

Zu diesen kann vorstehende Makronenmasse angewendet werden, als Geschmack wird entweder Cacaopulver oder Cacaomasse beigegeben und rechnet man hier, bei ersteren auf 1 Pfund Mandeln 100 Gramm und von den letzteren 50 Gramm. Die Cacaomasse muss vorher aufgelöst werden.

Cocosnuss-Makronen.

Es werden diese nur aus geraspelten Cocosnüssen hergestellt, man kann aber auch halb Cocosnüsse und halb gehobelte Mandeln dazu nehmen.

Die Masse ist:

1 Pfund 100 Gramm Cocosnüsse
2 „ Zucker
50 Gramm Citronat u. Orangeat
22 Eiweiss
Vanillgeschmack.

Dies wird zusammen in einem Kessel auf nicht
zu starken Feuer abgeröstet, und wenn dies geschehen
sofort mit den Löffel kleine Häufchen auf Oblaten
dressirt und in einem nicht zu heissen Ofen langsam
gebacken.

Feinste braune Gewürzplätzchen.

Diese Plätzchen sind von vorzüglichen Ge-
schmack. Die Masse enthält keine Mandeln, dafür,
Citronat, Orangeat, reichlich Gewürz u. Honigteig.
Sie werden mit einem Ausstecher von circa 30—35
Millimeter ausgestochen.

Zur Masse beliebe man folgendes zu nehmen:

6 Pfund Farinzucker
5 „ 250 Gramm Mehl
3 „ Honigteig
1 „ Citronat
1 „ Orangeat
15 Stück Eier
180 Gramm gemahl. Zimmt
30 „ „ Nelken
5 „ „ Cardamomen
5 „ „ Muskatblüthe
2 Citronen
45 Gramm Pottasche
20 „ Amonium.

Bereitet wird die Masse in der Weise, dass unter
den Farinzucker die Eier gerührt werden, dann
kommt, Trieb, Gewürz, Citronat, Orangeat etc. darunter und wird mit dem Mehl zu einen festen Teig
leicht untergewirkt, nach Bedarf Wasser zugegeben
und entweder in der Maschine oder auf der Breche
zu einem schönen Teig gearbeitet. Nachdem wird
die Masse ausgerollt, ausgestochen und die Plätzchen
auf schwach gefettete Bleche gesetzt, sodann mit
Wasser benetzt und gut heiss gebacken.

Feine braune Gewürzplätzchen.

Eine Mittelsorte von Braunen Plätzchen bereitet
man aus nachfolgender Zusammenstellung:

6 Pfund Farinzucker
6   „   375 Gramm Mehl
10   „   Syrupteig
120 Gramm gemahl. Zimmt
30   „   „   Nelken
100   „   Pottasche
50   „   Amonium
6 Stück Eier.

Hier werden im Verhältniss zu den grossen
Gewürzplätzchen weniger Eier genommen und nach
Bedarf Wasser zugegeben. Das Verfahren zur Herstellung der Masse wird in derselben Weise wie
vorher beschrieben vorgenommen; ausgestochen werden sie mit einem Ausstecher von ca. 22—25 Millimeter im Durchmesser.

Ordinäre Gewürzplätzchen.

5 Pfund Farinzucker
6 „ 375 Gramm Mehl
15 „ Syrupteig
100 Gramm gestoss. Anis
60 „ gemahl. Zimmt
20 „ „ Nelken
100 „ Pottasche
50 „ Amonium.

Zu dieser Masse werden keine Eier genommen, die Herstellung der Masse, geschieht in der vorher beschriebenen Weise.

Feinste glasirte Zuckernüsse.
(Pflastersteine).

Die Herstellung der Masse zu den Zuckernüssen ist dieselbe wie derjenigen zu den Lebkuchen. Ist die Masse fertig, wird sie ausgerollt und entweder, rund, oval, viereckig oder auch rauthenförmig ausgestochen und auf Mehl oder Paniermehl bestaubten Blechen gebacken. Die Ausstecher haben die Grösse von ungefähr $3^1/_2-4$ cm. lang und $2^1/_2-3$ cm. breit. Nach dem Backen, werden sie von dem anhängenden Mehl befreit, hart gemacht und mit Basler Glasur überzogen. Dies geschieht in der Weise, dass in einem Kessel oder Schüssel ein Quantum aufgelöster Zucker hinein kommt, in demselben kommen soviel Zuckernüsse, dass sie während beständigen umrühren von dem Zucker vollständig bedeckt werden, und

geschieht dies solange bis der Zucker anfängt abzu-
sterben. Dann kommen sie auf Bleche oder Siebe
und bleiben solange in der Wärme stehen bis sie
alle abgetrocknet sind.

Die Masse dazu ist:

10 Pfund Honigteig
6 „ Syrupteig
375 Gramm Citronat
375 „ Orangeat
1 Pfund geröstete Mandeln
300 Gramm Sultaninen
300 „ Weinbeeren
100 „ gemahl. Zimmt
20 „ „ Nelken
5 „ „ Cardamomen
5 „ „ Muskatblüthe
90 Gramm Pottasche
25 „ Amonium
2 Citronen.

Feine Zuckernüsse.

8 Pfund Honigteig
8 „ Syrupteig
1 „ 250 Gramm Pommeranzenschaal.
250 Gramm geröstete Mandeln
200 „ Sultaninen
200 „ Weinbeeren
100 „ gemahl. Zimmt
20 „ „ Nelken

2 Citronen

90 Gramm Pottasche

25 „ Amonium.

Die Herstellung geschieht in der vorher beschriebenen Weise.

Gewöhnliche Zuckernüsse.

6 Pfund Honigteig

10 „ Syrupteig

1 „ Pommeranzenschaalen

200 Gramm Sultaninen

200 „ Weinbeeren

100 „ gemahl. Zimmt

20 „ „ Nelken

90 „ Pottasche

25 „ Amonium.

Die Verarbeitung geschieht wie vorstehend beschrieben.

Feinste Spitzkugeln.

10 Pfund Honigteig

10 „ Syrupteig

12 „ Zuckerteig

1 „ Weinbeeren

250 Gramm klein gehackte Mandeln

125 „ Citronat

125 „ Orangeat

60 Gramm gemahl. Zimmt

50 „ „ Nelken

5 „ „ Cardamomen

5 „ „ Muskatblüthe

2 Citronen

200 Gramm Pottasche

100 „ Amonium.

Die Masse wird wie zu den Lebkuchen zubereitet. Alsdann werden lange Streifen ca. 3—4 cm. im Durchmesser gerollt, ein klein wenig flach gedrückt und entweder auf Bleche mit Paniermehl oder auch Mehl bestaubt, gebacken, nachdem rein abgekehrt und in Dreiecke geschnitten, etwas hart gemacht und dann mit Chocoladeglasur glasirt. Das Glasiren wird in der Weise, wie bei den Zuckernüssen beschrieben, vorgenommen. Bereitung der Chocoladeglasur siehe unter „Glasuren".

Feine Spitzkugeln.

8 Pfund Honigteig

14 „ Syrupteig

12 „ Zuckerteig

250 Gramm Weinbeeren

125 „ klein gehackte Mandeln

60 „ gemahl. Zimmt

40 „ „ Nelken

1 Citrone

200 Gramm Pottasche

100 „ Amonium.

Die Anfertigung der Masse und die Behandlung ist genau wie vorher beschrieben.

Feinste weisse Pfeffernüsse.

8 Pfund Honigteig
6 „ Syrupteig
2 „ Zuckerteig
125 Gramm Citronat
125 „ Orangeat
100 „ gemahl. Zimmt
20 „ „ Nelken
5 „ „ Cardamomen
5 „ „ Muskatblüthe
2 Citronen
90 Gramm Pottasche
25 „ Amonium.

Wenn der Teig gut verarbeitet ist, so werden kleine Rollen von ca. 1 cm. im Durchmesser ausgerollt und in der gleichen Länge in kleine Stückchen geschnitten und dann auf Mehl bestaubten Blechen gebacken; nachdem sie gebacken sind, kommen sie in Siebe und wird das anhängende Mehl abgekehrt, darnach werden sie etwas hart gemacht. Sodann werden sie mit Basler Glasur überzogen, genau in derselben Weise wie bei den Zuckernüssen beschrieben.

Feine weisse Pfeffernüsse.

6 Pfund Honigteig
8 „ Syrupteig
2 „ Zuckerteig
250 Gramm Pommeranzenschaalen
100 „ gemahl. Zimmt
20 „ „ Nelken

5*

1 Citrone
90 Gramm Pottasche
25 „ Amonium.
Die Anfertigung und Verarbeitung, wird in vorher beschriebener Weise vorgenommen.

Ordinäre Pfeffernüsschen.

10 Pfund Syrupteig
10 „ Zuckerteig
100 Gramm gemahl. Zimmt
50 „ „ Nelken
80 „ gestoss. Anis
60 „ Pottasche
20 „ Amonium.

Auch hier ist die Verarbeitung wie vorstehend beschrieben, nur werden diese nicht mit Glasur überzogen.

Rosennüsse.

Nach Belieben kann einer der vorstehenden Teigen dazu verwendet werden, nur werden die Rosennüsse etwas grösser gemacht nnd zur Hälfte mit weisser Basler Glasur, zur anderen Hälfte mit derselben Glasur, welche vorher etwas roth gefärbt wird, überzogen.

Printen.

10 Pfund Honigteig
10 „ Syrupteig
3 „ Zuckerteig
1 „ Wasserteig
250 Gramm Citronat
250 „ Orangeat
100 „ gemahl. Zimmt
25 „ „ Nelken
10 „ „ Cardamomen
10 „ „ Muskatblüthe
1 Citrone
100 Gramm Pottasche
50 „ Amonium.

Ist der Teig fertig gearbeitet, so werden beliebig
grosse Stücke circa 3—4 Millimeter dick ausgerollt
und in länglich viereckige Stücke ungefähr 6 cm.
lang und 3½—4 cm. breit unter Mithilfe eines
Lineals mit dem Rädchen durchgeschnitten, nachdem
die Abfälle weggenommen, werden diese Stückchen
schwach mit Wasser bestrichen und mit groben
Hagelzucker bestreut, je nach Belieben kann man aber
auch vorher jedes Stückchen mit einer kleinen halben
Mandel belegen. Ist dies geschehen, dann wird jedes
Stückchen einzeln auf nicht zu stark gefettete Bleche
gesetzt und in einem guten Ofen herausgebacken.

IV.

Billige Marktartikel.

Mandelschnitten.

30 Pfund Syrupteig
20 „ Zuckerteig
150 Gramm gestossenen Anis
200 „ Pottasche
180 „ Amonium.

Wenn die Masse zubereitet ist, so werden entsprechend der Grösse die man zu fertigen beabsichtigt, Stücke Teig abgewogen, entweder zu 3 oder 5 Pfge. und diese dann in gleichmässig lange Streifen ausgerollt; das Gewichtsquantum richtet sich nach der Länge der Bleche; diese werden dann gleichmässig eingetheilt, indem man das Rädchen leicht darüber gleiten lässt; auf jede Abtheilung kommt dann auf dem Schnitt circa 2 cm. vom Rand entfernt eine Mandel, hochgestellt, um dann gebacken zu werden, nach dem dies geschehen, werden sie mit Schaumglasur glasirt und durchgeschnitten und zwar so, dass der Schnitt durch die Mandeln geht und auf diese Weise der Schnitt zu beiden Seiten 2 halbe Mandeln bekommt,

Runde glasirte Pfeffernüsse.

(Honigkuchen genannt).

25 Pfund Syrupteig
25 „ Zuckerteig
3 „ Wasserteig
150 Gramm gestossenen Anis
200 „ Pottasche
300 „ Amonium.

Diese Honigkuchen werden in Blechringe gebacken, welche circa 3 cm. hoch und auf gefettete
Bleche gestellt sind. Der Teig wird in der gleichen
Weise, wie zu den vorher beschriebenen Feinsten
weissen Pfeffernüsschen, zuerst in Rollen und dann
in kleine Stückchen geschnitten. In die Ringe wird
entweder das bestimmte Quantum eingewogen oder
auch eingemessen, gleichmässig vertheilt, ein klein
wenig angedrückt und dann in einem gut heissen
Ofen gebacken. Nachdem die Kuchen vom Mehl
befreit sind, werden sie mit Schaumglasur glasirt.

Herzlebkuchen.

10 Pfund Honigteig
20 „ Syrupteig
10 „ Zuckerteig
2 „ Wasserteig
70 Gramm gemahl. Zimmt
30 „ „ Nelken
200 „ Pottasche
150 „ Amonium.

Man kann dieselben auf zweierlei Arten façon-
nieren, entweder der Teig wird ausgerollt und mit
dem Ausstecher ausgestochen, oder er wird wie bei
den Lebkuchen abgedrückt und in Formen eingeschlagen. Glasiren kann man die Herzlebkuchen
nach Belieben, entweder mit brauner Lebkuchenglasur,
oder mit Basler Lebkuchenglasur. Bevor die Glasur
abtrocknet, kann man Bilder auflegen und dann mit
Spritzglasur verzieren, oder mit halben Mandeln
belegen.

Mandelthorner.

Zu diesem ist der Teig in vorstehender Zusammenstellung anzuwenden. Die Mandelthorner
werden nicht auf Bleche gebacken, sondern in Kapseln,
der Teig ist auch ohne Mandeln, sie werden mit
halben Mandeln belegt und nach dem Backen mit
brauner Lebkuchenglasur glasirt.

Scheiben.

  20 Pfund Zuckerteig
  30   „   Syrupteig
 150 Gramm gestossenen Anis
 200   „   Pottasche
 180   „   Amonium.

Wenn dieser Teig fertig gearbeitet ist, werden
beliebige Stücke ausgerollt, und Scheiben davon
ausgestochen, welche auf schwach gefettete und mit

Paniermehl bestaubten Blechen gebacken werden.
Nach dem Backen, werden sie mit Schaumglasur
glasirt.

Pfeffernusstafeln.

Zu diesem wird der Teig der runden glasirten Pfeffernüsse angewendet und auch in kleine
Stückchen geschnitten. Die Pfeffernusstafeln werden
in Kapseln gebacken und wird je nach der Grösse
das entsprechende Quantum abgewogen und gleichmässig in der Kapsel vertheilt. Nach dem Backen
kann man sie entweder mit brauner Lebkuchenglasur,
oder auch mit Baslerglasur glasiren, je nach Belieben.

Wurmlebkuchen.

5 Pfund Honigteig
20　„　Syrupteig
15　„　Zuckerteig
2　„　Wasserteig
400 Gramm gestossenen Wurmsamen
60　„　gemahl. Zimmt
40　„　　„　Nelken
200　„　Pottasche
150—160 Gramm Amonium.

Man fertigt diese Lebkuchen für gewöhnlich
zum 3 oder 5 Pfge. Verkauf an. Die Bereitung des
Teiges geschieht in der schon beschriebenen Weise,
nach dem Backen werden sie mit Basler-Glasur
glasirt.

Gewürzkuchen.

10 Pfund Honigteig
15 „ Zuckerteig
25 „ Syrupteig
3 „ Wasserteig
100 Gramm gemahl. Zimmt
50 „ „ Nelken
200 „ Pottasche
150—160 Gramm Amonium.

Diese werden ebenfalls in Kapseln gebacken und eingetheilt in 5, 10 u. 15 Pfge. etc. Verkauf. Die kleineren Stücke werden in Tafeln geformt, wie die Saucelebkuchen, die grösseren Stücke werden in einzelne Stücke, auf der Seite mit Citronatschnitten und Mandeln angelegt und so nebeneinander in die Kapsel eingesetzt und gebacken, man kann sie obenauf mit ganz groben Hagelzucker bestreuen. Sie werden in ganzen Tafeln, oder einzeln abgebrochen im Verkauf gebracht.

V.

Glasuren.

Läuterzucker.

Auf 1 Kilo Zucker rechnet man $2/3$ bis 1 Liter Wasser, setzt dann das betreffende Quantum, welches man bereiten will, auf nicht zu starkes Feuer, damit sich der Zucker langsam und vollständig auflöst. Bessere Qualitäten Zucker reinigen sich von selbst, geringere Sorten dagegen, setzt man je nach Quantum ein oder zwei aufgeschlagene Eiweis hinzu und stösst dann der Zucker, sobald er an das kochen kommt, allen Schaum mit dem beigegebenen Eiweis aus. Wenn der Zucker das Kochen beginnt, so wird derselbe mehrmals mit kaltem Wasser abgeschreckt, mit dem Schaumlöffel der Schaum abgeschöpft bis er vollständig gereinigt ist und dann lässt man ihn bis zu 30^0 Reaumur kochen. Der Schaum der sich auf der Seite des Kessels festsetzt, wird mit einem Pinsel mit reinem Wasser weggewaschen. Wenn der Zucker erkaltet ist, dann ist er zu den verschiedenen Glasuren anwendbar.

Citron-Glasur.

Ganz feiner Staubzucker wird mit Wasser oder Läuterzucker zur nöthigen Dicke angerührt und dann mit Geschmack versetzt und kann dies entweder mit Citronsäure, welche in Wasser aufgelöst ist, oder auch mit Citronengelb, welches auf Zucker abgerieben und ganz fein abgeschabt ist, geschehen, der Saft der Citronen ist durch ein Tuch zu pressen und beizugeben. Wenn statt Wasser, Läuterzucker genommen wird, stellt sich diese Glasur billiger und wird auch schöner.

Zucker-Glasur.

Zu dieser Glasur wird Läuterzucker zum Faden gekocht, ein wenig tablirt und dann mit dem Pinsel schwach aufgestrichen.

Himbeer-Glasur.

Die Bereitung dieser Glasur kann auf zweierlei Art erfolgen; entweder man fertigt dieselbe mit Läuterzucker oder Wasser mit Staubzucker; wie die vorher beschriebene Citronenglasur an, oder man nimmt statt Wasser, Eiweis, in diesem Falle muss das Eiweis mit dem Staubzucker schaumig gerührt werden und muss in der Dicke so gehalten werden, dass sie nach dem Aufstreichen nicht abläuft, andererseits soll sie aber auch so beschaffen sein, dass sie

glatt läuft. In beiden Fällen wird als Geschmack
entweder Himmbeersaft oder Himmbeeräther beigegeben und nach Belieben roth gefärbt.

Vanille-Glasur.

Diese wird für gewöhnlich mit Eiweis und
Staubzucker bereitet und als Geschmack Vanillezu-
cker oder Vanillin beigegeben.

Chocolade-Glasur.

Die Bereitung dieser Glasur bedarf einiger
Aufmerksamkeit.

250 Gramm Cacaomasse
2 Pfund Zucker
Vanillegeschmack
Wasser.

Die Cacaomasse wird möglichst klein geschnitten
in einem Kessel gebracht und mit circa 1 Schoppen
Wasser versehen, auf gelindes Feuer gesetzt und
unter beständigen umrühren und eventuellen nach-
geben von Wasser vollständig aufgelöst.

Ist dies geschehen so kommt der hiefür bestimmte Zucker hinzu, etwas Vanillegeschmack wird
beigegeben und wird zum Faden gekocht. (Die Probe
des Fadens ist zu ersehen, wenn man von der kochen-
den Chocolademasse ein klein wenig zwischen den
Zeigefinger und Daumen nimmt und diese auf und
ab bewegt. Bei dieser Probe muss sich die Glasur,
die an den Fingern haftet, nachziehen, dass heisst es

muss ein Faden entstehen. Ist diese Probe erreicht,
dann kommt die Glasur vom Feuer und wird tablirt,
was in der Weise geschieht, dass man mit dem
Rührspaten die Glasur am Rande des Kessels hin-
und herstreicht, auf diese Weise entsteht eine Kru-
ste und wenn diese stark genug ist, dann ist auch
die Glasur fertig zum Auftragen auf den zu glasir-
enden Gegenstand.) Zu bemerken ist noch, dass
alle mit Chocoladeglasur glasirten Gegenstände in
mässiger Hitze adgetrocknet werden müssen, es entsteht auch dadurch ein schöner Glanz.

Schaum-Glasur.

1 Pfund Zucker
10 Eiweiss
100 Gramm Puder.

Der Zucker wird zum Faden gekocht, während
dieser Zeit schlägt man das Eiweiss zum Schaum
und lässt dann den flüssigen Zucker langsam hinein-
laufen, alsdann wird der Schaum etwas kalt geschla-
gen und der Puder eingerührt, somit ist dann die
Glasur zum verarbeiten fertig. Die mit dieser Glasur glasirten Gegenstände müssen an einem warmen
Ort zum trocknen gestellt werden.

Basler Lebkuchen-Glasur.

Auch zu dieser Glasur, wird Läuterzucker zum
Faden gekocht und demselben, nachdem er etwas
abgekühlt, etwas Weizenpuder beigegeben; vielleicht

auf ungefähr 6 Pfd.-100 Gramm, es wird dadurch
bezweckt, dass die Glasur nach dem sie abgestorben
ist, bezw. zu troknen anfängt, weisser wird; auf
diese Weise zubereitete Glasur muss aber vollständig aufgebraucht werden, da man diese nicht nochmals aufkochen kann, da sonst, der darin enthaltene
Puder, zu Kleister werden würde; sollte die Glasur
erkalten vor dem sie aufgebraucht ist, kann man sie
auf dem Feuer etwas nachwärmen; darf aber wie
oben gesagt, nicht zum Kochen kommen.

Braune Lebkuchen-Glasur.

Die Braunen Lebkuchen werden, nachdem sie
vorgestrichen sind, wie in „Die Verarbeitung der
Teige" bereits beschrieben, mit folgender Brauner
Lebkuchenglasur, auch „Rösche" genannt, glasirt:

1 Pfund braun geröstetes Kartoffelmehl
1½ Liter Wasser

Die Bereitung geschieht in der Weise, dass
dies zusammen, auf dem Feuer aufgelöst, und zum
Kochen gebracht wird; längeres kochen ist nicht
nöthig. Der sich obenauf gebildete Schaum wird abgeschöpft und die Glasur ist zum verarbeiten fertig;
es bedarf hierbei nur einer kleinen Uebung um die
Glasur stets richtig zu treffen, sollte sie zu dickflüssig sein, muss mit etwas heissen Wasser nachgeholfen werden.

Gummi-Glasur.

Das Verfahren, die Braunen Lebkuchen mit Gummiglasur zu überziehen, geschieht in der gleichen Weise, wie mit der oben beschriebenen Braunen Lebkuchen Glasur, nur wird hiezu aufgelöster Gummi arabic. genommen, man kann die Lebkuchen, mit weisser Stärke vorstreichen.

Die Gummiglasur stellt sich aber, im Preise wesentlich höher und könnte in Folge dessen nur zu ganz feinen Lebkuchen angewendet werden.

Grössen-
und Gewichts-Tabelle.

Extrafeine Schachtel-Lebkuchen.

I. Qual. 75—80 Gr. 12 cm. Durchmesser
II. „ 70—75 „ $11^{1}/_{2}$ „ „
Kleine 50—60 „ 10 „ „

Feinste Elisen- Makronen- Vanille- Choco-
lade und Haselnuss-Lebkuchen.

Nr.	Gramm	Länge mm.	Breite mm.
5	35	112	64
6	40	114	68
8	50	120	74
10	60	130	80
11	80	145	90
12	90	160	100
15	110	173	110
18	125	185	125

Die Verpackung ist: Imittirt Pergament- und
Glacepapierumhüllung, mit Bronzedruck, die Farbe
des Papiers ist für jede Sorte eine andere.

Extrafeine Hausgebackene weisse Lebkuchen.

Nr.	Gramm	Länge mm.	Breite mm.
12	200	200	130
15	260	225	150
20	320	250	165

Verpackung; einzeln in Pergament- und Glace-papier.

Feinste weisse Lebkuchen.

Nr.	Gramm	Länge mm.	Breite mm.
2	20—25	115	68
3	30	127	79
4	40	138	85
4½	50	148	92
5	60	158	96
6	70	163	103
8	85	172	113
10	100	185	123
11	120	200	130
12	150	215	140
15	170	223	150
18	200	233	158
20	225	247	165
25	260	262	177
30	300	272	183
36	360	295	208
40	420	315	220

Zu den kleinen Sorten ist das Recept Seite 17 zu verwenden, zu den grösseren dagegen, vielleicht

von **Nr.** 6 an, dasjenige auf Seite 16. Die Verpackung ist, blaues Papier und in Pakete zu je 6 Stück;
die grösseren Sorten in Pakete zu je 3 Stück.

Feine weisse Lebkuchen.

Nr.	Gramm	Länge mm.	Breite mm.
I	15—17	105	65
II	23—25	115	73
III	35—38	138	85
IV	45	148	92
IV$^{1}/_{2}$	50	158	96
V	60	163	103
VI	75	172	113
VIII	100	185	123
X	110	200	130
XI	125	215	140
XII	140	223	150
XV	170	233	158
XVIII	190	247	165
XX	220	262	177
XXV	260	272	183

Zu Nr. I Rezept Seite 20 (Kleinste Sorte),
zu Nr. II Rezept Seite 19 (Kleine Sorte) zu Nr. III,
IV, IV$^{1}/_{2}$, V und VI Rezept Seite 19 (Andere ̄Art)
zu den grösseren Sorten von Nr. VIII bis XXV beliebe man das Rezept auf Seite 18 anzuwenden. Auch
hier ist die Verpackung, blaues Papier, und Paquete
von 6 bezw. 3 Stück.

Anis-Lebkuchen.

Nr.	Gramm	Länge mm.	Breite mm.
12	200	200	130
15	260	225	150
20	320	250	165

Verpackung; einzeln in Pergament- und Glace-papier.

Extrafeine braune Königskuchen.
(Tafelform.)

Nr.	Gramm	Länge mm.	Breite mm.
3	300	190	115
5	400	215	130
8	550	240	150
10	650	265	165
15	750	300	180
20	900	325	200
25	1250	355	230

Die Verpackung ist in Carton's.

Extrafeine braune Königskuchen.
(Runde Form.)

Nr.	Gramm	Durchmesser mm.
3	300	210
5	400	230
8	500	250
10	600	270
15	700	285
20	850	310
25	1150	330
30	1600	350

Auch bei diesen ist die Verpackung in Carton's.

Feinste braune dickgemandelte Lebkuchen.

Nr.	Gramm	Länge cm.	Breite cm.
2	30	12	7
3	43	14	8
4	60	$15^1/_2$	9
$4^1/_2$	70	16	10
5	80	17	$10^1/_2$
6	95	18	11
8	115	19	12
10	135	$20^1/_2$	$12^1/_2$
11	160	$21^1/_2$	$13^1/_2$
12	185	$22^1/_2$	$14^1/_4$
15	220	$23^1/_2$	$14^3/_4$
18	250	$25^1/_2$	$15^3/_4$
20	290	$26^1/_2$	$17^1/_4$
25	370	$28^1/_2$	$18^1/_4$
30	450	$31^1/_2$	21
36	520	$34^1/_2$	$21^3/_4$
40	590	$36^1/_2$	23

Zu Nr. 2 u. 3 Rezept Seite 44 (Kleinste Sorte)
zu Nr. 4, $4^1/_2$, 5 u. 6 Rezept Seite 43 (Kleine Sorte)
zu den grösseren Sorten von Nr. 8 bis 40 beliebe
man das Rezept auf Seite 42 anzuwenden. Bei
diesen Lebkuchen ist die Verpackung weisses Papier
und Paquete von 6 bezw. 3 Stück.

Feine braune halbdickgemandelte Lebkuchen.

Nr.	Gramm	Länge cm.	Breite cm.
$II^1/_2$	33	$14^1/_2$	8
III	46	16	9
IV	70	$16^1/_2$	10

Nr.	Gramm	Länge cm.	Breite cm.
IV^1/$_2$	80	17^1/$_4$	10^1/$_2$
V	90	18	11^1/$_4$
VI	110	19^3/$_4$	11^3/$_4$
VIII	135	21^1/$_2$	13
X	160	22^1/$_2$	14
XI	175	24	14^1/$_2$
XII	200	25^1/$_2$	15^1/$_2$
XV	240	27^1/$_2$	16^1/$_2$
XVIII	270	28^1/$_2$	17^1/$_2$
XX	300	30	18^1/$_2$
XXV	350	32^1/$_2$	20^1/$_2$

Zu den Nr. II^1/$_2$ bis VI beliebe man das Rezept
Seite 44, und zu den Nr. VIII bis XXV dasjenige
auf Seite 45 anzuwenden. Die Verpackung ist ebenfalls weisses Papier.

Braune dünngemandelte Lebkuchen.

Nr.	Gramm	Länge cm.	Breite cm.
II	28	13	7^1/$_2$
II^1/$_2$	35	14^3/$_4$	8^1/$_2$
III	50	16	9^1/$_4$
IV	75	17	10^1/$_2$
IV^1/$_2$	85	18^1/$_2$	11
V	100	20^1/$_2$	11^3/$_4$
VI	135	23^1/$_2$	13^1/$_2$
VIII	160	25	14^1/$_2$
X	185	25^3/$_4$	15^1/$_2$
XI	210	26^1/$_2$	16^1/$_2$
XII	250	29	17^1/$_4$
XV	280	30	18^1/$_2$

No.	Gramm	Länge cm.	Breite cm.
XVIII	320	31	$20^1/_2$
XX	380	32	$21^1/_4$
XXV	400	33	22

Rezept hiezu befindet sich Seite 46. Die Verpackung wird ebenfalls in weisses Papier vorgenommen.

Braune gewürzte Lebkuchen.

Nr.	Gramm	Länge cm.	Breite cm.
$II^1/_2$	35	16	$9^1/_4$
III	50	17	$10^1/_2$
IV	75	$18^1/_2$	11
$IV^1/_2$	85	$20^1/_2$	$11^3/_4$
V	100	$23^1/_2$	$13^1/_2$
VI	135	25	$14^1/_2$
VIII	160	$25^3/_4$	$15^1/_2$
X	185	$26^1/_2$	$16^1/_2$
XI	210	29	$17^1/_2$
XII	250	30	$18^1/_2$
XV	280	31	$20^1/_2$

Rezept Seite 47, Verpackung weisses Papier.

Feinste Basler Lebkuchen.

Diese werden in den Formen und in dem gleichen Gewicht wie die Dickgemandelten Braunen Lebkuchen angefertigt, die Verpackung ist rosa Papier.

Halbfeine Basler Lebkuchen.

Nr.	Gramm	Länge cm	Breite cm
0	13	10	6
I	20	12	7
II	28	13	$7^1/2$

Rezept S. 48 (Kleinste Sorte Nr. 0) Rezept S. 48 (Kleine Sorte Nr. I u. II)

Von Nr. $II^1/2$ bis XXV beliebe man die Grössen und das Gewicht, der Halbdickgemandelten Braunen Lebkuchen anzuwenden, die Verpackung ist rosa Papier.

Sauce-Lebkuchen.

Nr.	Gramm	Länge cm	Breite cm
1	340	29	22
2	520	34	25

Das oben angegebene Maass bezeichnet die Grösse der Tafeln, aus dem angegebenen Gewichte, werden 2 Streifen angefertigt und in Formen von 29 cm. Länge und 11 cm. Breite bezw. 34 cm. Länge und $12^1/2$ cm. Breite eingeschlagen und zwei solcher Streifen in eine Kapsel eingelegt und gebacken, nach dem Röschen werden diese Tafeln durchschnitten und zu $4/2$ Tafeln in Paquete verpackt.

Sauce-Tafeln.

Nr.	Gramm	Länge cm.	Breite cm.
3	50	22	$8^1/2$
4	65	$24^1/2$	9

Nr.	Gramm	Länge cm.	Breite cm.
4$^1/_2$	75	26$^3/_4$	9$^1/_2$
5	85	29$^1/_2$	10
6	110	31$^1/_2$	10$^1/_2$
8	130	34$^1/_2$	11
10	170	37	11$^1/_2$

Braunschweiger Reibkuchen.

Tafeln von 5 Pfund = 55 cm. lang 30 cm. breit.

Feinste Magenkuchen.
(Ovale Form).

Nr.	Gramm	Länge cm.	Breite cm.
6	90	17$^1/_2$	11
8	100	19	12$^1/_2$
10	115	20$^1/_2$	13$^1/_2$
12	160	21$^1/_2$	14$^1/_2$
15	185	24$^1/_2$	15$^1/_2$
18	200	26	16

Feine Magenkuchen.
(Runde Form.)

Nr.	Gramm	Durchmesser cm.
4	65	14$^1/_2$
5	90	15$^1/_2$
6	115	18

Nr.	Gramm	Durchmesser
8	135	20
10	160	21
12	200	24

Feinste gefüllte Thorner.

Nr.	Gramm	Länge cm.	Breite cm.
10	120	$13^1/_4$	$7^1/_2$
12	140	$14^1/_2$	$8^1/_2$
15	180	$15^1/_4$	$9^1/_4$
20	250	$16^1/_4$	10
25	360	17	$10^1/_2$
30	440	$17^3/_4$	$11^1/_4$
36	510	$18^3/_4$	12
40	570	$19^3/_4$	$12^3/_4$

Feinste braune Thorner.

Hier beliebe man dieselben Grössen und dasselbe Gewicht, wie zu den Feinsten gefüllten Thorner anzuwenden.

Fruchtbrote.

Grosse 100 Gramm 22 cm. lang 5 cm breit
Kleine 60 „ 15 „ „ $4^1/_2$„ „
Die Formen sind oben und unten abgerundet.
Will man diese Fruchtbrote ohne Zuhilfenahme der

Formen anfertigen, kann man dieselbe auch mit der Hand drehen und etwas flach drücken.

Mandelschnitten.

Nr.	Gramm	Länge cm.	Breite cm.
0	23	$9^1/_2$	$5^1/_2$
00	35	12	$6^1/_2$
000	70	$17^1/_2$	$8^1/_2$

Runde glasirte Pfeffernüsse.
(Honigkuchen genannt.)

Nr.	Gramm	Durchmesser cm.
0	20	$7^1/_2$
1	25	$8^1/_2$
2	37	10

Mandelthorner.

Nr.	Gramm	Länge cm.	Breite cm.
IV	75	16	11
VIII	170	24	12

Scheiben.

$10^1/_2$ cm Durchmesser.

Pfeffernusstafeln.

180 Gramm 25 cm. lang 15¹/₂ cm. breit.

Wurmlebkuchen.

Nr.	Gramm	Länge cm.	Breite cm.
II	28	13	7¹/₂
II¹/₂	35	14³/₄	8¹/₂

Gewürzkuchen.

Nr.	Gramm	Länge cm.	Breite cm.
3	23	9¹/₂	5
5	35	10	6
6	45	11¹/₂	6¹/₂
10	70	15	6³/₄
15	105	15¹/₂	9³/₄
20	140	18³/₄	10¹/₂

Anhang.

Die Berühmtheit der Nürnberger Lebku-
kuchen greift auf viele Jahre zurück, es bestätigt
dies der folgende Auszug aus dem Goldenen
Ehrenbuch der Gewerbe und Zünfte vom
Jahre 1834. (Herausgeber Carl Heideloffs).

Der Lebküchner.

Wie freundlich blicken sie, die weiss und braunen Kuchen!
Es ist, als sprächen sie: wollt ihr uns nicht versuchen?
Gemandelt und gewürzt, mit Citronat geziert,
Entzücken sie das Aug, der Magen wird gerührt.

Die Nürnberger Lebkuchen, sind fast in der
ganzen Welt bekannt, und zeichnen sich durch guten
Geschmack, Glanz und Dauer aus; daher sie auch
weit und breit versandt werden; auch die Thorner
und Ulmer Pfefferkuchen sind berühmt, und in diesen letzteren soll ein Graf von Werdenberg die ganze
Grafschaft Albeck verzehrt haben.

Die sogenannten Kaiser haben ihren Ursprung
zu Nürnberg; Anno 1487 war Kaiser Friederich
IV zu Nürnberg, und liess in der Kreuzwoche
4000 Kindern, welche sich im Stadtgraben vor der

Reichsveste versammelt hatten, jedem ein Blätzlein reichen, worauf des Kaisers Bildniss abgedruckt war. Jetzt sind diese Kaiser ganz abgekommen, und kommen nur noch in Alterthumssammlungen vor.

Seit einigen Jahren verfertigen die Lebküchner auch weisse Lebkuchen, was ehedem blos den Zuckerbäckern zustand; auch machen sie sogenannte Basler Lebkuchen, welche viele Liebhaber finden.

Ueberhaupt bietet der Lebküchnerladen einen angenehmen Anblick dar; diese Manichfaltigkeit des Gebäckes in den angenehmsten Formen und Verzierungen beweisst die Fortschritte der Lebküchnerei zu Nürnberg, deren Produkte berühmt und sprichwörtlich geworden sind.

Probe-Etiquette.

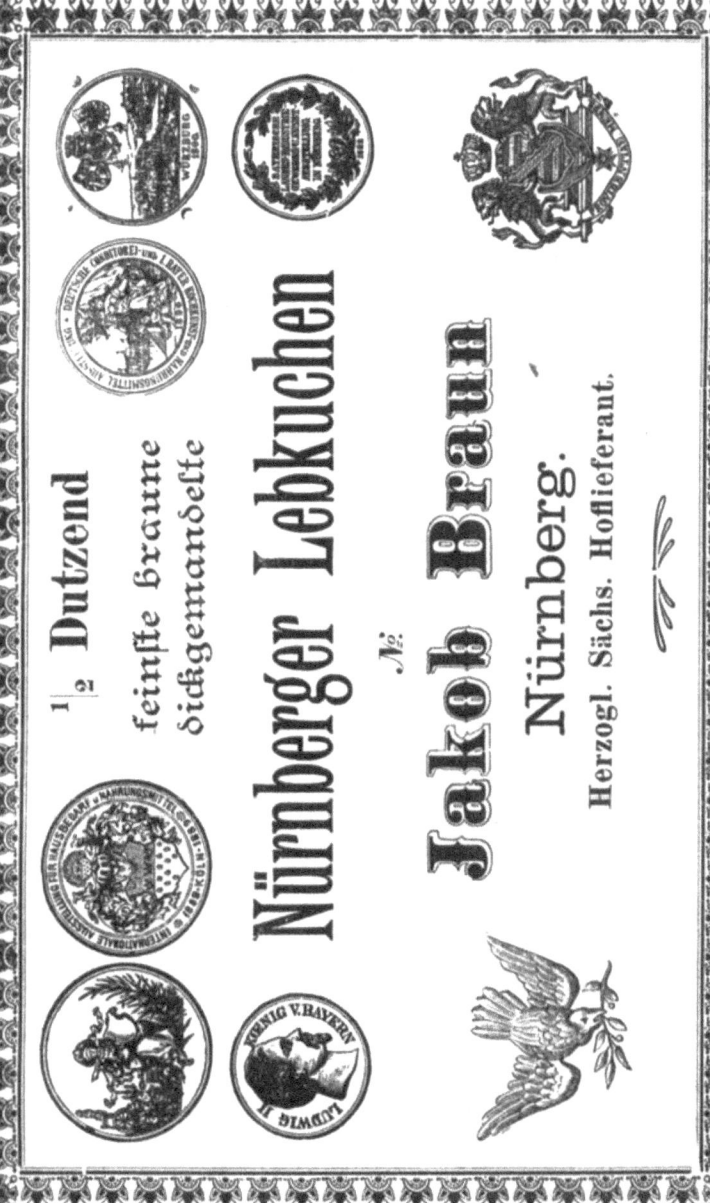

Inhalts- Verzeichniss.

FSC
www.fsc.org
MIX
Papier | Fördert
gute Waldnutzung
FSC® C083411

Zeitfracht Medien GmbH
Ferdinand-Jühlke-Straße 7
99095 Erfurt, Deutschland
produktsicherheit@kolibri360.de